続々　果てしのない本の話

岡本仁

それぞれの心のなかにある書店が微妙に違っているのを、若い私たちは無視して、いちずに前進しようとした。その相違が、人間のだれもが、究極においては生きなければならない孤独と隣あわせで、人それぞれ自分自身の孤独を確立しないかぎり、人生は始まらないということを、すくなくとも私は、ながいこと理解できないでいた。
若い日に思い描いたコルシア・デイ・セルヴィ書店を徐々に失うことによって、私たちはすこしずつ、孤独が、かつて私たちを恐れさせたような荒野でないことを知ったように思う。

須賀敦子「コルシア書店の仲間たち」（文藝春秋）

目次

表紙写真　奈良美智
イラスト　のりたけ
デザイン　小野英作

続々　果てしのない本の話

LOOK FOR AMERICA

第一話　写真の入り口

フェイスブックを開かなくなって久しい。ある時点から、人付き合いの面倒くささが実生活以上になってしまっているように感じたのと、パソコンの前に座る時間がどんどん短くなったことで、iPhoneでさくさく動かないものはほとんど見なくなってしまったのがその理由である。

最初はとても楽しかった。使い方を教えてくれたのは河内タカさんだ。しかもタカさん自身がポストするアートについての文章が面白くて、それがフェイスブックを開く楽しみにもなっていた。うろ覚えの知識がクリアになるし、まったく知らなかった画家や写真家の存在を教えられ、たくさん刺激を受けた。今年の2月に、それらの文章は『アートの入り口』という本にまとめられている。

先日、タカさんから連絡があり、出版を記念して企画されたトークイベントのひとつに、ぼくが話し相手として呼ばれることになった。それでタカさんと二人で、60分のイベントのために3回に分けて延べ10時間も打ち合わせをした。要するに打ち合わせはただの口実で、絵画や写真の話を肴にたくさん酒を飲んだということなのだが、ぼくがアイドルやヌード以外で最初に買った写真集はウォーカー・エヴァンスだったという話をしたら、タカさんが興味深げに「どこが気に入ったの?」と訊いてきた。まだアメリカに行ったことがなかった学生時代の自分にとって、映画や小説から想像していたアメリカの風景そのものだったからだと答えた。ちなみにエヴァンスの写真集には、1929年の世界恐慌直後のアメリカ南部の、貧しい農民の姿や朽ちかけた建物などの写真が収められていた。「エヴァンスがいちばん好きって、渋い学生だったんだね」と言われ、いちばん好きだったのはエヴァンスではなくリチャード・アヴェドンだったことを思い出す。商業写真家やファッションフォトグラファーのほうが格好いいと、ただ単純に考えていた。美しい女性を撮る姿に憧れを持っていたのは、当時の一流モデルだったジーン・シュリンプトンとアヴェドンのフォトセッションをそのまま動画撮影した、1970年代の「ROPE」のコマーシャルフィルムを観て感化されていたからだ。大好きだったサイモン&ガーファンクルの『ブックエンド』のジャケットもアヴェドンの撮影で、彼らの他のアルバムとは比べものにならないほど断トツに輝いていた。

タカさんとの話は、酔いも手伝ってどんどん熱を帯びていく。アメリカではファインアートとしての写真と商業写真とは、その評価のされ方が、日本のように曖昧ではなくはっきりとした違いがあるから、商業写真家と見做されていたアヴェドンは代表作『In the American

West』を出版して、そこに挑戦しようとしたのだろうとタカさんが教えてくれた時に、またハッと気づくことがあった。この本は、アヴェドンが5年ほどの歳月をかけてアメリカ西部に住む人々を撮影したモノクロのポートレイト集だ。市井のアメリカ人たちのポートレイトは、エヴァンスも多数撮っていて、彼の作品を代表するものになっている。でも、アヴェドンのそれには背景がない。屋外なのに白い紙で背景を隠してしまう。スタジオで撮影されたファッション写真のようだ。だからその写真を観るぼくらは、逃げようがなく、こちらを凝視する被写体と対峙するしかない。他の情報を遮断することで強度を増す人間の迫力。あらためてアヴェドンとエヴァンスのポートレイトを見比べたくなった。

BOOK MAP

←  ←  ← 

『アートの入り口』河内タカ（2016年／太田出版）
『Bookends』Simon & Garfunkel（1968年／SonyMusic）
『In the American West』Richard Avedon（1985年／Harry N. Abrams）

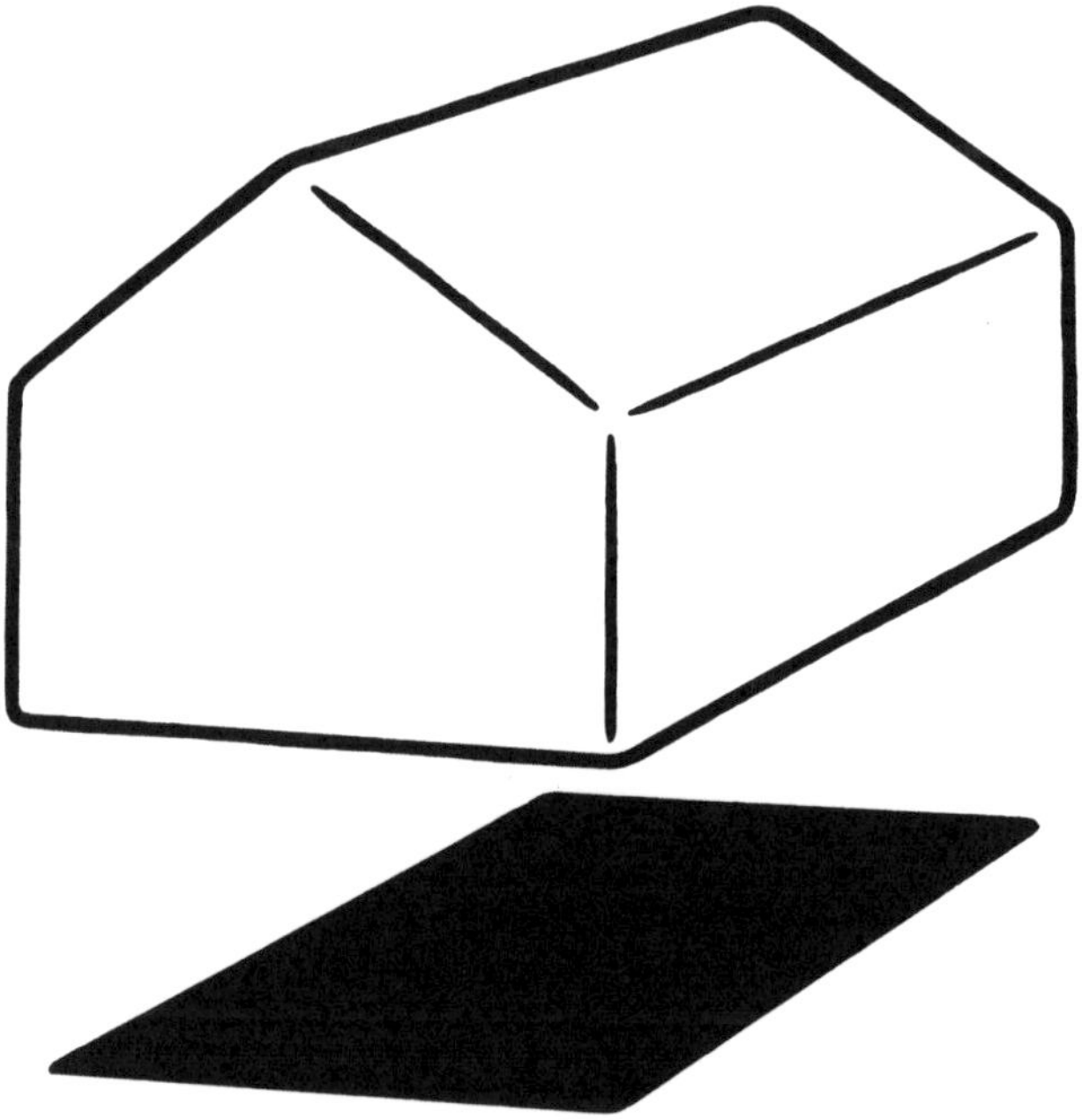

SUMMER COTTAGE

第二話　夏の家

丸亀市猪熊弦一郎現代美術館で開催中の『私の履歴書』という展示を、河内タカさんと一緒に観た。約束をしていたわけではない。高松空港に到着して、迎えにきてくれた友人の車に乗り込もうとしたら、助手席にタカさんが座っていたのだ。所用のため前々日から高松にいたらしい。

『私の履歴書』は同タイトルの猪熊弦一郎自伝に沿って、彼の絵と資料を展示するものだった。幼少期から美術学校時代を経て1930年代のパリ遊学までの作品が並び、それ以降は後編として秋に展示されるそうだ。第二次世界大戦後の猪熊作品を好んで観てきたぼくにとってはとても興味深かったし、何よりアートに詳しいタカさんと一緒というのも楽しかった。

東京に戻り『私の履歴書』を読み直した。1955年に再びパリへ行こうと決めた猪熊弦一郎は、ニューヨークに立ち寄るつもりで、まずサンフランシスコを目指す。そこから陸路と空路でニューヨークに到着した彼は、その魅力に囚われてパリへ行くことをやめニューヨークに住むことになった。もしパリに先に行っていたら、そうはならなかったかもしれないと猪熊は述懐する。ニューヨークを先にする決め手になったのは「弦ちゃん、ニューヨークへ行ったら、君が本当に好きなものがいっぱいあるよ」という吉村順三の言葉だった。そういえば、猪熊の東京の自邸は吉村順三の設計だ。前にも読んでいるはずなのに、いつも大事なことを読み落としてしまう。すぐに、まるで前から知っていた事実のように、猪熊の後半生を変えたのは吉村順三ですと、タカさんにメールした。

10年ほど前に吉村順三の別荘を取材させてもらったことがある。『小さな森の家』という本でその存在を知り、いつか訪ねてみたいと思っていた。編集者になれたことを幸運と思うのはこういう時である。取材の直前に何度もこの本を読み返し、間取りや設計思想を頭にたたきこんだ。木立の中、まるで宙に浮いたような小さな別荘でもっとも印象に残ったのは、建物の東側のトイレだ。外から見ると窓の下に小さな棚が作り付けられていて、ブリキのバケツが逆さにして置かれていた。掃除道具が収まりきらなかったのだろう。ぼくはそこに吉村順三のユーモアを感じた。

タカさんから返事が来た。「それは面白い。ところで吉村順三をモデルにした小説を読んだことがありますか?」と書いてある。作者もタイトルも知っていたけれど、読んだことはない。早速、手に入れた。

ここ何年も、ぼくは小説を読んでいない。想像をめぐらせながら架空のストーリーを最後まで追う力が弱くなってしまったのかもしれない。人に強く薦められても、たいがいは最後まで読み通せず、数十ページでやめてしまうことがほとんどだった。だからタカさんが教えてくれた『火山のふもとで』も、同じように中途で投げ出すだろうと思っていた。ところがそうはならなかった。夕方から読み始め、一気に5分の4まで読んで寝落ち。翌日、続きがあまりにも気になって、仕事場を抜け出して近所の喫茶店で読んだ。そんなことをするのは本当に久しぶりだった。

　たしかに小説の主人公の先生は、吉村順三の設計思想に似た考えを持つ人物だった。でも、この小説を最後まで読み通すことができたのは、モデル探しの興味ではなく、ストーリーの端々に、作者の深い建築知識と建築家という職業へのリスペクトが強く感じられたからだと思う。

BOOK MAP

『私の履歴書』猪熊弦一郎（2003年／丸亀市猪熊弦一郎現代美術館）
『小さな森の家』吉村順三（1996年／建築資料研究社）
『火山のふもとで』松家仁之（2012年／新潮社）

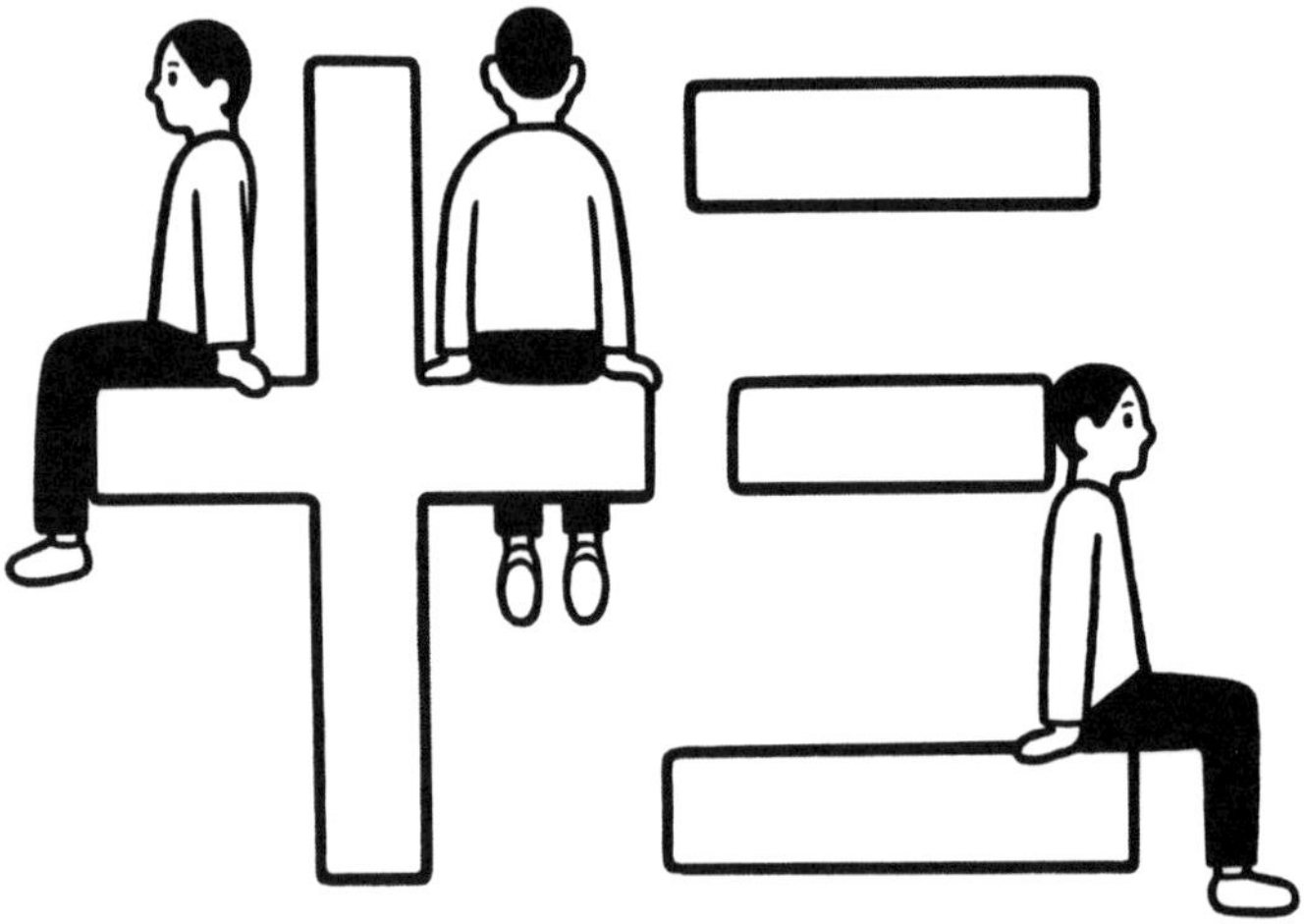

THIRTEEN IS A MAGIC NUMBER

第三話　13について

松家仁之の『火山のふもとで』を読んでいて、建築に多少なりとも興味のあるぼくは、もし小説に登場する「先生」が吉村順三ならば、ではこの人物のモデルは誰だろうと、つい考えてしまう。中でもキーマンとなる主人公の教育係「内田さん」については、どうしてもかつて吉村順三事務所に勤めていた中村好文を思い浮かべてしまうのだ。

中村好文は個人住宅を中心に活動する建築家だから、彼が設計した作品を見学することはそう簡単ではないが、愛媛県の松山市にある伊丹十三記念館なら何度か訪れたことがある。黒壁の建物の中に入ると、この四角い箱が中庭を囲んでいることがわかる。宮本信子から「伊丹さんの家みたいにして」とだけ聞いて、その希望を叶えるために考えられた記念館は、庭の明るい開放感と展示室の少し薄暗い静けさのコントラストがとても居心地よく感じられる。常設展示は伊丹十三の名前にちなんで13のテーマに分かれている。このアイデアは、若い頃から伊丹十三の大ファンであった中村好文が、宮本信子らと話し合う中から生まれたものだったそうだ。ミュージアムショップで買った文庫本サイズの『伊丹十三記念館ガイドブック』とＤＶＤ『13

の顔を持つ男—伊丹十三の肖像』は、伊丹の多才さを理解するのにうってつけの資料である。

先日、京都の書店『誠光社』のインスタグラムを見ていて、『アイデア』の最新号が伊丹十三を特集していることを知った。店主の堀部くんの解説はいつも的確なのだが、もっとも興味を惹かれたのは、デザインをロンドンを拠点に活動するグラフィック集団アバケが担当していること、そして全体が伊丹十三の著書『フランス料理を私と』のオマージュになっているということだった。すぐに京都に行くわけにはいかないので、堀部くんに申し訳ないと思いながら、別の書店で手に入れた。

『アイデア』と『フランス料理を私と』を並べてみると、アバケの解釈による伊丹十三特集「よりみち〜伊丹十三と13の映画作品」が、どれほどの面白さを持ったものかが伝わってくる。伊丹十三というテーマをアバケに提案する『アイデア』編集部の大胆さに舌を巻こうとしたら、特集のきっかけとなる最初の提案はアバケ側からだと書いてあり、舌を巻く先はにわかにアバケに変わった。

ぼくがアバケを知ったのは2001年のことだ。ベルサイユのバンド「AIR」のマネージャーであるマルク・テシエから、最新アルバムのグラフィックはアバケに任せたと聞いた。そのアルバムが発売された頃に、今度はダフト・パンクのマネージャーのジルダ・ロアエックから再びアバケの名前を聞いた。詳しい情報はほとんどなかったし、おそらく彼らが意図的に公開していなかったのだと思うが、それでもジルダを介して連絡を取り、強引に『リラックス』のアートページでアバケを紹介した。そのアバケの仕事を久しぶりに、しかも伊丹十三特集で見ることになるとは、その後の彼らの活動についてほとんど追いかけてこなかった自分にとっては、本当に驚き以外の何物でもない。

つい先日、奈良へ行く用事ができたので、京都に寄り道して『誠光社』を訪ねた。堀部くんに、間接的に教えてもらった『アイデア』が面白かったという話をする間、後ろめたさを感じていたのだが、書棚を見てまわったらこちらの好奇心を刺激するような、しかも伊丹十三の『タンポポ』が載っている面白い洋書があったので、それを買った。

BOOK MAP

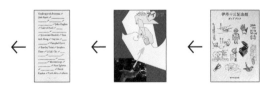

← 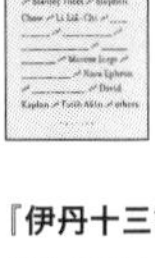

← 
← 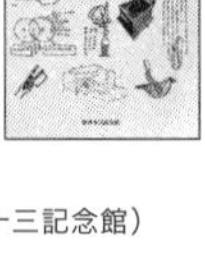

『伊丹十三記念館ガイドブック』（2007年／伊丹十三記念館）
『アイデア 374号』（2016年／誠文堂新光社）
『Cooking with Scorsese』（2014年／Hato Press）

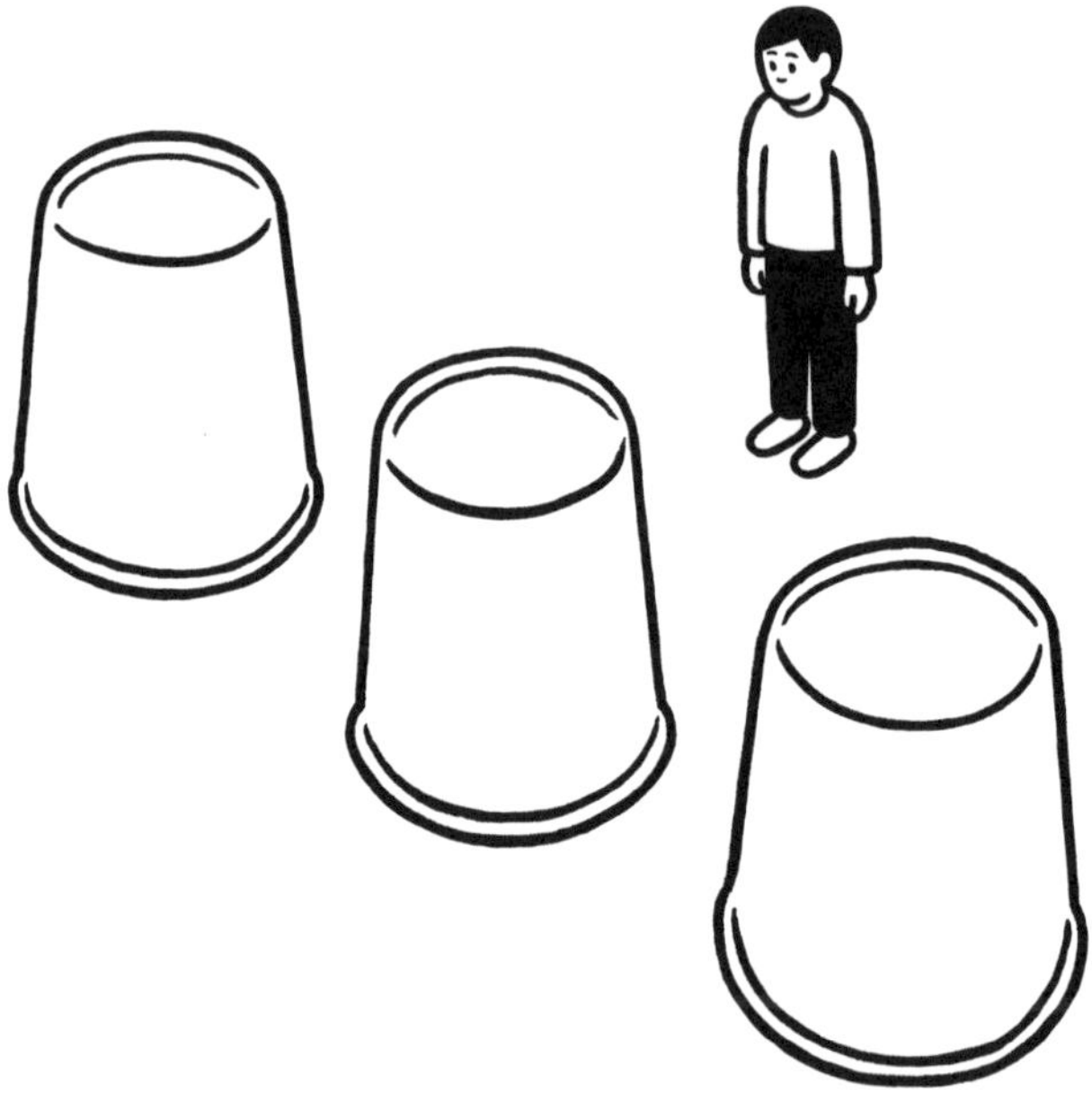

WHO WILL YOU CHOOSE?

第四話　誰かを選ぶ

京都で買った洋書に載っていた『タンポポ』のスチル写真を眺めた時から、久しぶりに観直したくなっていたので、旅先のホテルで全編をパソコンで観た。それでアバケによる『アイデア』の伊丹十三特集の表紙が、この映画の中の生卵を口移しするシーンを描いたものだったのだと、ようやく気づいた。アバケはこの特集の中で、伊丹十三の映画ポスターなどをデザインした佐村憲一にインタビューしている。佐村の事務所を訪ね、台所を借りて昼食を料理してから話を聞く。これは伊丹十三の『フランス料理を私と』の手法をなぞったものであり、この本の装丁は佐村だった。

アバケ御一行の料理は、伊丹十三がつくった本格的なフランス料理に比べればずいぶんと簡単なものだけれど、はじめて訪問するお宅の台所を借りてやるのなら、こちらのほうが常識的な選択だと思う。では、伊丹十三はどうしてあんなに手間のかかる料理を、調理学校の先生に教わりながらつくったのだろうか。リュックに詰めてきた『フランス料理を私と』を読んでみる。この本だけでなく、いまあらためて伊丹十三を読む時に、ぼくはいつも心配になる。この尊大な文体は、彼の考えを現在の若く新しい読者に正しく届けるのにふさわしいのかという、まったくもって余計なお世話なのだが、あらゆるものを「さん」付けで呼び、読み書きするのが当たり前になった世界で、伊丹十三は「なんだかわけもなく偉そうにしてるオジサン」と受け止められるだけではないのかと心配してしまうのだ。しかも『フランス料理を私と』のために選ばれたメニューは、いまや主流とは言い難い、重くてこってりとした正統派のフランス料理なのだから、もし伊丹がそれを、日本人的な考えの外に出ることでその後に続く議論を深めようと、あえて選んだ〝装置〟なのだとしても、いまの感覚には複雑すぎるかもしれないと思う。

ミランダ・ジュライの『あなたを選んでくれるもの』も、『ペニーセイバー』という無料冊子に「売ります」広告を出した見ず知らずの人にインタビューを申し込む〝装置〟を用意する点で、普段の考えの外に出るという意味では伊丹の対談集の構造に似ていないこともない。それに彼女も映画監督である。とはいえ、伊丹が追求したかったテーマが「日本人とは何か？」だったとすれば、当初は滞っている映画脚本の突破口を見つける目的で始めたインタビューの主題は、やがて「私の不安はどこからやってくるのか？」という、ミランダの非常に個人的な疑問に行き着く。しかも自分の感じる不安についての言い表し方が素晴らしいから、共感とともに一気呵成に読み進められる。

とても短い記述だけれど、ミランダが自分の結婚について書いているのも、ぼくには興味深かった。「夫」であるマイク・ミルズの顔を思い浮かべながら読むと、彼女のけなげさが余計に愛おしく感じられた。ミランダとマイクの結婚式の写真は、この本に載っているインタビュイーのポートレイトを撮影したブリジット・サイアーが撮ったのだそうだ。ぼくは以前、壁に貼られたこの結婚式の写真を彼らの家で見たことがある。とても幸せそうな表情をしていた。ミランダがこの本に「彼と結婚したときに、避けがたく訪れる自分の死とも結婚したような気がする」と書いているけれど、とても誠実な言葉だ。幸せを幸せと感じるための心構え。ぼくは脈絡なく庄野潤三の『夕べの雲』を思い浮かべた。

BOOK MAP

← 

← 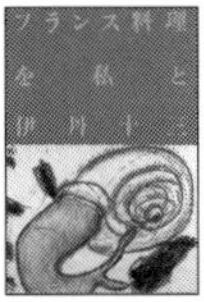

← 

『タンポポ』伊丹十三（1985年／東宝）
『フランス料理を私と』伊丹十三（1987年／文藝春秋）
『あなたを選んでくれるもの』ミランダ・ジュライ（2015年／新潮社）

HYACINTH TO BRIDE

第五話　**花嫁とヒヤシンス**

幸せな結婚というのは「いま、ここ」がいちばん尊いと知るきっかけであると同時に、「いま、ここ」がいかに儚いものなのかを悟るきっかけでもあるのじゃないか。ミランダ・ジュライの『あなたを選んでくれるもの』で、彼女が自分の結婚について触れている部分を読んでいるうちにそんな気持ちになり、庄野潤三の『夕べの雲』を思い出した。1964年から1965年まで日本経済新聞の夕刊に連載されていた小説である『夕べの雲』について、庄野潤三自身が後書きを添えている。

「『いま』を書いてみようと思う。～中略～　その『いま』というのは、いまのいままでそこにあって、たちまち無くなってしまうものである。その、いまそこに在り、いつまでも同じ状態でつづきそうに見えていたものが、次の瞬間にはこの世からなくなってしまっている具合を書いてみたい」（「著者から読者へ　『夕べの雲』の思い出」より）

多摩丘陵に住む家族の幸せな日々を淡々と綴っただけのように思えるこの小説に、多くの人々が共感を寄せるのは、作者のこの視点と感情が底にあるからだろう。須賀敦子も『夕べの雲』に心打たれた読者のひとりだった。1966年に彼女はアッコ・リッカとしてこの小説をイタリア語に翻訳して出版している。

彼女の友人であり『須賀敦子全集』の編集委員でもあった松山巖が、須賀に所縁のある場所を訪ね歩いて書いた『須賀敦子の方へ』にも、庄野潤三邸が登場する。松山巖が庄野邸を訪ねたのは2011年夏のことで、庄野潤三が亡くなってから2年が経っている。翻訳出版後に庄野を訪ねた須賀敦子が庭に自ら植えたブナの木、「リッカさんの木」を見ながら、松山は庄野夫人と話をするのだが、それを軸にして、『夕べの雲』に代表される庄野潤三の小説と、須賀敦子という人物の本質について深い考察がなされている、ぼくにはもっとも心に残る章だ。

そういえば、今年の初夏に友人の結婚披露宴に招かれた。乾杯の音頭を取るという役割を与えられていたけれど、それなら主賓の挨拶の後だろうから気が楽だと余裕綽々だった。ところが、式次第を見たらぼくの乾杯の音頭がいちばん最初になっていて慌てた。しどろもどろになりながらなんとか役目を果たし、宴が始まる。喉の渇きも手伝って酒を飲むペースは速く、スピーチやら余興の時間になると酔いもずいぶんとまわった。

同じテーブルの仲間たちと話に夢中になり、冒頭の紹介をちょっと聞き逃してしまったのだが、新婦の友人がピアノの生演奏をバックに詩を朗読した。どうやら須賀敦子が好きなイタリアの詩人の作品らしかった。彼女が翻訳したウンベルト・サバだろうか。とても素敵な詩だ。

でも記憶できたのは「白と薄むらさきの、二本のヒヤシンス」という冒頭のフレーズだけ。それを頼りに、家に戻ってから文庫版『須賀敦子全集』の第1巻を引っ張り出して探してみたが見つからない。自分で探すのは諦めて、朗読をした当の本人にメールで、あの詩は須賀敦子のどの本に載っているのかを尋ねた。すぐに返事が返ってきた。『トリエステの坂道』に出てくる、トリエステ生まれの詩人、ヴィルジリオ・ジョッティの「ヒヤシンス」という詩だそうだ。それは文庫版全集の第2巻に載っていた。全文を読む。幸せに満ちた情景とともに、その儚さも知っているという気持ちを封じ込めたような内容だ。その詩を贈られた友人夫妻も「いま、ここ」の尊さを意識したに違いない。

BOOK MAP

← 

← 

← 

『夕べの雲』庄野潤三（1988年／講談社文芸文庫）
『須賀敦子の方へ』松山 巖（2014年／新潮社）
『須賀敦子全集 第2巻』須賀敦子（2006年／河出文庫）

INFINITE VARIATIONS

第六話　**終わりなき変奏**

須賀敦子が『コルシア書店の仲間たち』の中の第4章で、ある弁護士の家で観たモランディの絵について触れているという話は、以前にも書いたと思う。須賀はモランディの静物画を「静謐な気品と個性にあふれ」ていると評していた。モランディの静物画が好きだったのだから、彼女がこの世を去ってから編まれた全集の表紙にモランディが選ばれていることは不思議ではない。でもどうしてそれは彼の絵ではなく、ルイジ・ギッリが撮影したアトリエの写真だったのだろうか。

２００８年10月号『芸術新潮』の「須賀敦子が愛したもの」という特集を読み直してみたら、全集の編集委員だった松山巖がそのことについて「絵をそのまま使うと、本来のきびしさをあまり感じない、なにより全八巻がすべて同じに見える」と書いていて、もし須賀が生きていたら「ほんとうに、そうねぇと笑うでしょう」と続けていた。

松山の話はそのまま彼がイタリア旅行で観たモランディの4枚の絵の感想につながっていくのだが、いかにもモランディらしい静物画は1点だけで、他の１９１０年代に描かれた3点については、灰色のトーンの風景画とキュビズムの絵とキリコの影響が感じられる絵だったので、あまり楽しめなかったと述べる。さらに岡田温司の『モランディとその時代』という本のことが少しだけ出てきた。それがとても面白そうだったのでネット書店に注文した。届いた本の帯には「ジョルジョ・モランディの生と芸術は、画家自身と批評家＝美術史家とによる合作である」という、意表を突くような惹句が躍っていた。

美術の歴史や流れを超越して、ボローニャという地方都市をほとんど出ることなく、ひたすら瓶や壺を描き続けて、形態と光を追求した孤高の画家というモランディ像に囚われることなく、あらためて同時代の美術批評や作品を見直しながら、モランディの実体に迫ろうとするこの論文は、ちょっと難解ではあるのだけれど、新鮮な視点を与えてくれるからか、東京ステーションギャラリーで観たモランディ展『終わりなき変奏』の記憶がまだ薄れていないからか、どんどん読み進めることができた。

モランディが若き美術批評家の書いたモランディ論を気に入らず、あちこちに圧力をかけて出版を差し止めてしまったこと、あるいは１９１７年に描いた自画像を自らの手で破棄してしまったという話は、ぼくにとってははじめて知る事実だった。モランディの絵といわれて、アート好きがまず頭に浮かべる「彼が生涯にわたって変わらず描き続けた静物画」は、実は年代によって手法やタッチに大きな違いがあることを、図版と丹念な解析で気づかせてくれるところも、とても刺激的だった。でもそれは、真実を暴くというような論点ではなく、定説となっていることから離れてみれば別の解釈だってあり得るという、とても柔らかな提案のように受けとめられるのだ。だから河原温やドナルド・ジャッドやジョセフ・アルバースのミニマルな作品に、モランディの瓶や壺の絵に通底する何かを見ることは的外れではないと書かれてあっても、それに対して自然に首を縦に振ることができる。

この本は自分自身の考えと信じていることが、もしかしたらただの紋切り型になっていないかと疑ってみることの大事さを教えてくれる。見ているようで見ていない、聞いているようで聞いていない、考えているようで考えていないことが、自分のまわりにまだまだたくさんあるような気がしてきた。

BOOK MAP

← 

← 
← 

『芸術新潮』（2008年10月号／新潮社）
『ジョルジョ・モランディ〜終わりなき変奏〜展図録』（2015年／兵庫県立美術館）
『モランディとその時代』岡田温司（2003年／人文書院）

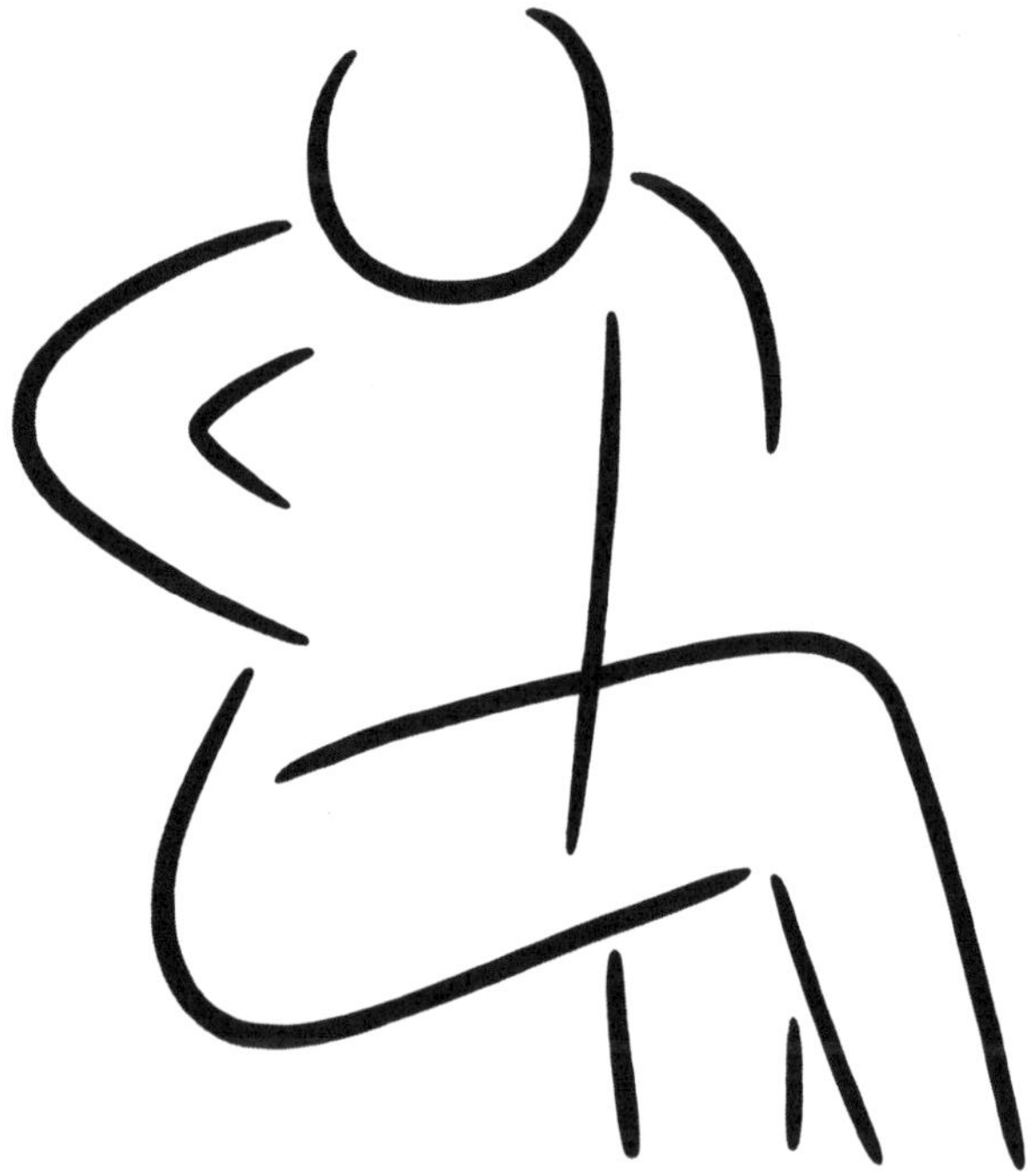

FORM AND STRUCTURE

第七話　構成する抽象

どういうわけかまた声がかかって、河内タカさんと美術について人前で話すことになった。『アートの入り口』第2弾ヨーロッパ編の出版を記念したイベントだったのだが、ヨーロッパよりもアメリカのアートのほうが好きなぼくで相手が務まりますかとメールしたら、ヨーロッパの画家や彫刻家で好きな人はいないですかと返事が来た。ジョルジョ・モランディとアルベルト・ジャコメッティとジョセフ・アルバースの名前を挙げて、ぼくはこの3人の作品が似ていると思っていますと答える。タカさんの新しい本にも、モランディとアルバースの2人は同じような態度で作品づくりに臨んでいたのだろうといったことが書かれていたから、それほど見当違いではないはずだ。さらにクロード・モネの名前も付け加えた。いままでぼくは、モネの「睡蓮」がどこかに展示されていても、ああなるほどねと横目で見ながら、その前に立ち止まったことがなかった。ところが直島にある地中美術館でモネの展示室に入った瞬間に、その素晴らしさにようやく気づいたのである。彼が晩年に「睡蓮」のシリーズで追求したことも、先の3人がそれぞれの対象を通じて追求したことに似ていたのではないか。「では、そういうテーマで話しましょう」と返信があった。

イベントの1週間ほど前、自分にとってアートの入り口は何だったんだろうと考えてみた。それで思い出したのが、高校生の時に買った『現代の美術』という全集だ。当時は夢中になって眺めた。たしかそれが初回配本だった思う。ほとんど知らない作家ばかりが並ぶ中で、はじめて触れたアントン・レームデンとルネ・マグリットの絵はいまでも鮮明に思い出せる。あらためて考えてみると、この時代に現代美術だけの全集が出版されていたというのは驚きである。とはいえ、田舎の高校生には自由になる金などほとんどなかったから、この1冊しか買えなかったし、それももう手元には残っていない。なんだか見直したくなって、ネット書店で探してみた。

ぼくが持っていたのは第2巻「幻想と人間」だったのだが、他の巻も売っていて、「構成する抽象」というタイトルに惹かれて、第2巻ではなく第9巻を注文した。そして数日後に届いた本を開いて驚いた。扱われているのは、エルズワース・ケリー、フランク・ステラ、ドナルド・ジャッド、バーネット・ニューマン、モーリス・ルイス、そしてジョセフ・アルバースなどだったのだ。いま自分が好きな作家ばかり。出版された1971年にこの本を手に入れていたとしても、高校生だったぼくにはちんぷんかんぷんだったかもしれないが、それでも大きなインパクトを与えられたに違いなく、自分の美術への興味は違う発展の仕方をしたのではないだろうかと想像をめぐらした。実際にこれらの作家を好きになるのは30年以上も後である。イベントの当日、持参した『現代の美術』を見せたら、タカさんも「セレクトが素晴らしい」と絶賛した。

　イベントが終了して、著書にサインをするタカさんを待ちながら、会場となった書店内をぶらぶらしていたら『MATISSE/DIEBENKORN』という画集を見つけた。オレゴン州ポートランド生まれのリチャード・ディーベンコーン（1922〜1993）が、いかにアンリ・マティスの影響を受けているか、二人の絵を並べて分析している。そういえば、タカさんが前著を出した時に「アメリカの画家を紹介するのに、どうしてディーベンコーンが入っていないのか？」と訊いたことがある。そしてタカさんの新しい本の表紙はマティスなのだ。

BOOK MAP

← 

← 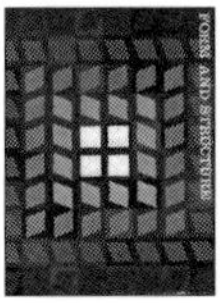

← 

『アートの入り口 ヨーロッパ編』河内タカ（2016年／太田出版）
『現代の美術』第9巻「構成する抽象」（1971年／講談社）
『MATISSE/DIEBENKORN』（2016年／Prestel）

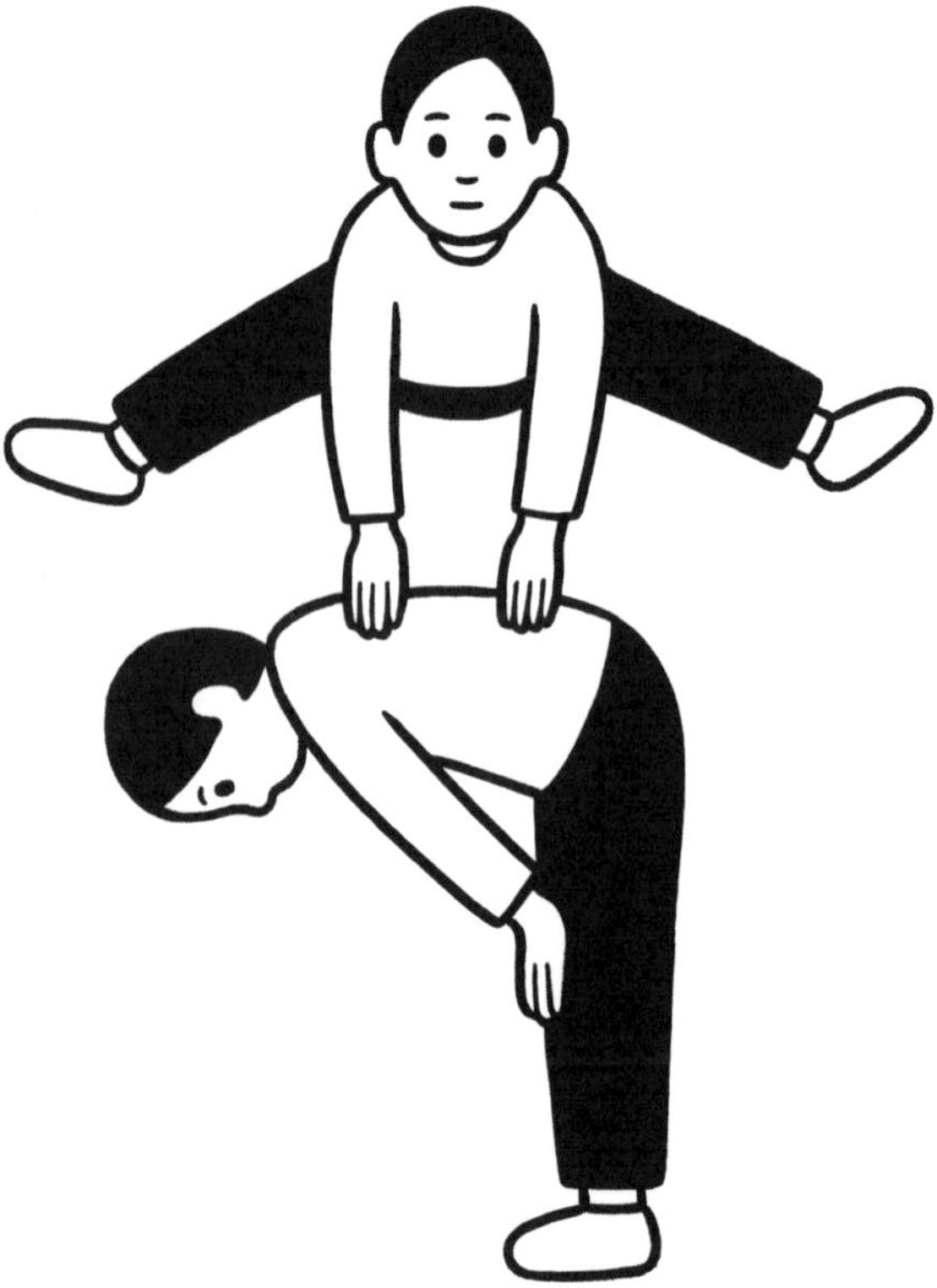

BONJOUR M. RENOIR

第八話　**先生の教え**

地下鉄の駅で1枚のポスターに目が釘付けになった。ルノワールの絵と梅原龍三郎の絵が並べられていて「拝啓ルノワール先生」というタイトルが付いている。最近は時間があれば、アンリ・マティスとリチャード・ディーベンコーンの絵を並べて分析する画集ばかり眺めていたから、とても気になったのだと思う。このポスターを見るまで、ぼくは梅原龍三郎とルノワールの関係を知らなかった。展覧会の副題は「梅原龍三郎に息づく師の教え」だったけれど、モチーフが一緒というだけで、ポスターに並べられた絵からは影響の有無をぜんぜん見て取れない。

数日後、三菱一号館美術館へ『拝啓ルノワール先生』展を観に行った。梅原の作品、ルノワールの作品、そして梅原が収集したルオーやピカソなどの作品が並んでいる。梅原が生涯変わらずにルノワールを慕い続けたことが伝わってきた。同時に、二人には50歳ほどの年齢差があり、ルノワールの死後に、梅原が自分独自の画風をどのように獲得し発展させていったかもよくわかる。ポスターにあった2枚の絵「パリスの審判」に大きな差が出ていたのも、当然のことと思えた。あの絵はルノワールが67歳の時に描いたものを、梅原が70年後に模写したものだったが、その時の梅原は90歳だったのだ。もっとこの画家について知りたくなり『天衣無縫』という著書と、高峰秀子の『私の梅原龍三郎』を買うことにした。

展覧会の会場にも『天衣無縫』からいくつもの引用文が解説とともに並べられていたのだけれど、引用は恣意的にすることもできるので、やはりその前後も含めて読みたかった。若き梅原がルノワールに会った時、この巨匠はすでに老境に入っていたからだろうか、マティスやピカソをまったく評価していなかったらしい。梅原は師を敬愛しつつ、マティスの絵もピカソの絵も手に入れている。若い才能を拒むことは自分が下り坂だと認めるのと一緒だ。師の教えを忠実に守れば師の境地に達するのではなく、師を超える部分を持てなければ、師弟関係というのは縮小再生産に陥る。展覧会と著書から、ぼくはそんなふうに思った。

高峰秀子は1950年にはじめて梅原の絵のモデルを務めた。絵が完成した時に高峰は、絵の中の自分の姿を見て「なんだか……カニみたいだな」と感想をもらし、梅原は「ふふーん、カニねぇ、そういや、カニみたいだ……」と答えたそうだ。すでに洋画界の重鎮であった梅原にこんなことを言える高峰秀子だから、画家も彼女のことを大いに気に入ったのだ。『私の梅原龍三郎』には、心を許した相手にだけ見せる画家の素顔が、簡潔に綴られている。ちなみに「カニ」呼ばわりされた梅原龍三郎の「秀子像」は、手紙を添えて彼女に贈られた。そして25

年後に高峰秀子から東京国立近代美術館に寄贈されている。ぼくはまだ現物を観たことがない。

そういえば『拝啓ルノワール先生』展のポスターを見かけたのは、東京国立近代美術館で『トーマス・ルフ展』を観た帰りだった。トーマス・ルフの作品の凄みに頭が沸騰していたけれど、いつも充実しているコレクション展も観なければもったいない。4階から皇居のお濠を眺めて頭を冷やし、コレクション展を観てまわった。そして最後に入った2階の展示室の『奈良美智がえらぶMOMATコレクション　近代風景』という展示が素晴らしかった。選ばれた絵も、その絵に何を見て何を感じているかを綴った奈良自身の文章も。

BOOK MAP

←

←

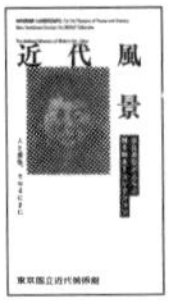

←

『天衣無縫』梅原龍三郎（1984年／求龍堂）

『私の梅原龍三郎』高峰秀子（1997年／文春文庫）

『奈良美智がえらぶMOMATコレクション　近代風景～人と景色、そのまにまに～』
（2016年／東京国立近代美術館）

FEMMES ET HOMMES DE PARIS

第九話　パリの女と男

友人の案内で神戸の王子公園周辺を歩いていたら、阪急の高架脇に古書店があった。予感というほど大袈裟なものではないけれど、何か見つかるような感じがした。案の定、棚の中に高峰秀子の『巴里ひとりある記』があった。水染みなのか日焼けなのか、まだらに汚れた外箱から黴臭い本を取り出してみる。1951年に単身で渡仏し半年を過ごしたパリで見たものや感じたことを高峰秀子が綴ったもので、モノクロ写真もふんだんに収められているし、挿画も本人が描いていた。日記のように簡潔な文章でテンポよく綴られていて面白そうだ。何よりも口絵に梅原龍三郎が1950年に描いた高峰秀子の肖像画、例の「カニ」が使われていたので買うことにした。友人はどうしてその本を買うのか不思議そうにしていたが、店を出るとすぐに、おそらくパリつながりで思い出したのだろう、クロード・ルルーシュ監督の『男と女』は観たかと訊いてきた。重度のフランスかぶれだった男に何をいまさらという感じで彼の顔を見たら、「いや、そうじゃなくて、いま公開されているデジタル・リマスター版のことですよ」と慌てて付け加える。映像がクリアになっているかどうかにそれほど興味はないから、たぶん観ないと思うと答えると、彼は「本編の前にあの『ランデヴー』が上映されるとしてもですか？」と耳打ちするように念を押してきた。

東京に戻ってから上映館を探して恵比寿まで出かけた。入場を待っているとパンフレット類の横に『パリの女』という本も並べられているのに気づく。こんなコレクターズアイテムをどうして展示しているのだろうと手に取ってみたら、51年ぶりに出た第2刷で普通に販売している新品だった。1959年に出た初版本を、高松市内の古書店で見つけて小躍りしたのは4年前だった。どうしてそんなに嬉しかったかというと、この本に収められた写真の中の1枚が、山下達郎が率いていたシュガー・ベイブというバンドのデビューアルバムのジャケットで使われていたイラストの元ネタだからだ。マニア以外にはどうでもよい話だろうが、それだけの理由でおそらく読むことはないに違いない古本を買った。実際にこの本の内容で憶えているのは、前書きにあった「パリという都は、女を理解しようとする男たちのいる都であり、理解される価値を持った女たちがいる都なのだ」というワンフレーズだけである。

映画の上映が始まった。まずは『ランデヴー』。ユーチューブでしか観たことのなかった幻の短編。もちろんこの作品も監督はクロード・ルルーシュだ。夜明けのパリを駆け抜けるフェラーリ275ＧＴＢを運転するのも彼。車載カメラで前方の街並みを撮った、しかもワンテイクで編集なし、そして赤信号ももののともせず一度も停まらないまま凱旋門からサクレクール寺院まで駆け抜けるだけという内容である。この短編の後だったからか、次に上映された何度か観たことのある『男と女』がまるで違う映画に感じられた。切ない大人の恋愛映画だと認識していたのに、主人公は車なのではないかと思うほど、レースのシーンも含めて車が、それもかなりマニアックな形で登場する。ルルーシュの関心は、疾走する車とそれを操る男たちの格好よさを映すことだったのではないかと断言したくなるくらい、ストーリーにとってあまり重要とは思えない車のシーンが多いのだ。どうやらぼくは、これまで映画そのものよりもフランシス・レイとピエール・バルーによる音楽のマジックにはまっていただけなのかもしれない。

BOOK MAP

← 

← 

← 

『巴里ひとりある記』高峰秀子（1953年／映画世界社）
『パリの女』アンドレ・モーロア（1959年／紀伊國屋書店）
『男と女　製作50周年記念デジタル・リマスター版　パンフレット』
（2016年／ドマ、ハピネット）

FREEWAY AND SWIMMING POOL

第十話　フリーウェイとプール

前号の原稿を校了した後に、映画『男と女』で重要な役割を果たしたピエール・バルーの訃報が届いた。彼はアヌーク・エーメが演じた物語の主役・アンヌの亡夫・ピエールとして映画に参加したばかりでなく、もうひとりの主役・ジャン＝ルイを演じたジャン＝ルイ・トランティニャンと映画音楽を担当したフランシス・レイの2人を、クロード・ルルーシュ監督に引き合わせた人物でもあったそうだ。そしてシンガー・ソングライターとしてのバルーは、劇中歌の「サンバ・サラヴァ」によって、いわゆるフレンチ・ボッサ流行の火付け役と呼ばれる存在にもなった。

アンヌとジャン＝ルイがそれぞれの子供を預けているドーヴィルの寄宿舎からパリへ戻る時に乗るジャン＝ルイの車は、フランス車ではなくアメリカの車、フォード・マスタングだ。実際に計ったわけではないが、バルーが画面に映るシーンよりも圧倒的な長さでこの車は映画に登場する。ジャン＝ルイがカー・レーサーであるという設定を加味したとしても、その部分は不必要なほどに丁寧に描かれている。フォード・マスタングという車は、この映画の第三の主人公である。あらためて『男と女』を観直した時、バルーには申し訳ないが、ぼくはそう思った。もちろん彼がこの世を去ったいまならば、また別の感想を抱くだろう。

マスタングは1964年にマーケットに登場したフォードのスポーティーカーだ。アメリカ車らしい無骨さに、ちょうどいい具合の洗練が加わったデザインが素晴らしい。映画を観てこの車に憧れた人も多かったはずだ。ただし、その映画は『男と女』（1966年）ではなく、スティーヴ・マックイーン主演のサンフランシスコを舞台にした『ブリット』（1968年）である場合がほとんどであるに違いない。ポスターを目にして『男と女』にカー・アクションを期待していた観客は皆無だったはずだから。

ぼくがはじめてロサンゼルスへ行ったのは2000年のことだったが、友人の運転でフリーウェイや市内を走っていると、初代のマスタングが現役で街中をバリバリ走っていることにとても興奮した憶えがある。そしてもうひとつ、そこかしこにプールがあることにも驚いた。友人の借りていたアパートにも、そしてぼくが泊まった安宿にさえも、デイヴィッド・ホックニーが描いた絵のようなプールがあった。ロサンゼルスの印象はフォード・マスタングとプールに尽きるというようなことを、その頃つくっていたフリーペーパーに書いたかもしれない。

疾走するマスタングのことを頭に浮かべていて、平野太呂の写真集『ロサンゼルス・カー・クラブ』の中に、イメージぴったりの写真があったような気がして確認してみたが、残念ながら初代マスタングは見つからなかった。この写真集には車の助手席から並走する車を撮った写真が64枚収められている。簡単に聞こえるかもしれないが、おそらく片側4車線くらいのフリーウェイのいちばん内側の追い越し車線から、いちばん外側の車線をゆっくり走る車を撮影しているようだから、ドライバーとの気持ちがひとつになっていなければ成し得なかった作品だ。かつて平野太呂は水の入っていないプールの作品集でも、ぼくの度肝を抜いた。

　ぼくにとって水の入ったプールのイメージは、さっきも触れたホックニーの絵ということになるのだけれど、それに勝るとも劣らない写真集をつい先日、手に入れた。ディアナ・テンプルトンの『The Swimming Pool』。陽の光がゆらぐプールを泳ぐ裸の男女の写真は、息をのむほど美しい。

BOOK MAP

←

←

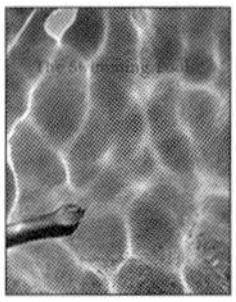

←

『**David Hockney**』**Paul Melia, Ulrich Luckhardt**（2006年／Prestel）
『**Los Angeles Car Club**』**平野太呂**（2016年／No.12 Gallery）
『**The Swimming Pool**』**Deanna Templeton**（2016年／Um Yeah Pr）

TEENAGE SMOKERS

第十一話　タバコを吸う十代

ディアナ・テンプルトンの『The Swimming Pool』を見て、彼女のことを写真家と認識していなかった自分のことがちょっと恥ずかしくなった。ディアナはエド・テンプルトンの妻で、マイク・ミルズが1996年に制作したドキュメンタリー短編『Deformer』に登場する、裸でエドの絵のモデルになっていた人というのが、彼女についてぼくが知っていることのすべてだったからだ。ちなみに16歳の時に母親がカメラをプレゼントしてくれたことが、写真を撮り始めたきっかけなのだそうだ。ディアナとエドの自宅にあるプールで泳ぐ友人たちの姿を捉えたカラーとモノクロの写真をため息まじりに眺める。内側をブルーに塗られたプールに降り注ぐ陽光がつくりだす波紋、全裸で潜水する被写体の鼻腔から吹き出る泡、水に還った人体の美しさ。抽象画と具象画の中間のような世界が、本当に素晴らしい。ついつい、エドよりいいんじゃないかと口にしてしまいそうだ。

ディアナの夫であるエド・テンプルトンは、スケーターであり、ペインターでありフォトグラファーである。ぼくはたまたま手に入れた『TEENAGE SMOKERS』で彼を知った。タバコを吸うティーネイジャーをポラロイドカメラで撮影したものを中心に編まれた、薄くて小さな写真集だ。前述のマイク・ミルズの記録映画にも、この写真集に登場する何人かをエドが撮影するシーンがあった。「好きな銘柄は?」「何歳から吸い始めた?」「両親は揃っている?」。自分が暮らす南カリフォルニアの町の現実に馴染めずにはみ出していく若い世代に向ける、同じような人生をたどってきた先輩でもあるエドの質問は、容赦なくストレートだが、質問に答える彼らの声や表情はシャイで、とてもリアルだ。

そういえば先日、6月に公開予定のマイク・ミルズの最新作『20センチュリー・ウーマン』の試写を観る機会があった。監督のマイク自身と彼の母親との思い出にインスピレーションを得た作品で、1979年のサンタバーバラが舞台になった群像劇だ。サンタバーバラはロサンゼルスの西に位置する、マイク自身が「too pretty here makes me fucked up」と表現する彼のホームタウン。そこで暮らすシングルマザーのドロシアと彼女の息子のジェイミーの姿を追うこの映画にも、ティーネイジ・スモーカーが登場する。17歳の女優、エル・ファニングが演じる、ジュリーという少女は、愛読書がM・スコット・ペックの『愛と心理療法』、母親はセラピストという設定で、劇中で何度もタバコを吸う。それは早熟であることの象徴であったり、自分が所属する社会全体に嫌気がさしていることの象徴に見える。

タバコが、それを吸う登場人物の単純な格好よさ、もしくはある心理状況を暗喩するという、映画的な小道具として機能しなくなったのは、いったいいつ頃からだろうか。１９７９年という舞台設定の中で、たびたび挟まれるジュリーがタバコを吸う姿は、この映画に観客をより深く潜らせるための大きな推進力になっていると、ぼくは思った。
　もうひとつ興味深かったのは、映画の本筋とは関係がないことかもしれないが、トーキング・ヘッズの扱いだ。トーキング・ヘッズがデビューした頃には、パンクにもニューウェイブにも興味が湧かず、サルサやブラジル音楽を聴いていたぼくには、その当時の彼らへの評価がどのようなものだったのかがわかり、それが自分が勝手に考えていたこととはずいぶん違っていることに驚き、そして膝を打つような爽快さがあった。

BOOK MAP

← 

← 

← 

『Let's be human beings』マイク・ミルズ（2002年／デザインエクスチェンジ）
『TEENAGE SMOKERS』Ed Templeton（1999年／ALLEGED PRESS）
『20th Century Woman』マイク・ミルズ（2017年／配給・ロングライド）

NEWSPAPER QUALITY

第十二話　質の悪い紙に刷る

「ロックは死んだ」とジョン・ライドンが言った頃、ぼくはセックス・ピストルズもパンクも、トーキング・ヘッズもニューウェイヴも聴いていなかった。何を追いかけていたかというと、ファンク、サルサ、MPBを経て、当時はワールドミュージックと呼ばれていた非欧米地域のポップミュージックに辿り着いた。中でもナイジェリアのジュジュ音楽を代表するキング・サニー・アデ&ヒズ・アフリカン・ビーツをはじめて耳にした時の衝撃は忘れられない。1984年に代々木オリンピックプールであった彼らのライヴはもちろん観ている。言葉どおり、会場が興奮の坩堝と化した。たしかアデはイギリスのレーベルから欧米に向けデビューしてすぐ、全米ツアーを敢行して大成功させていたはずだ。

クリスティーナ・キムが率いる、ロサンゼルスのクロージングブランド〈dosa〉のウェブで読める、グロサリーというコンテンツが好きだ。関わりのあるアーティストや職人たちから得た知識や影響を、辞書形式にしてシェアしていて、去年の夏には書籍化もされている。そこに「aso oke」という項目があり、ドーサ好きの女性なら必ず持っているに違いないルナ・バッグに使われている、ナローバンドのワックスプリントのことなのだが、最初に読んだ時には「クリスティーナ・キムは1984年に観たキング・サニー・アデのコンサートにインスパイアされて、ドーサの最初のコレクションで〝アショケ〟を使用した」とたしかに書いてあったはずだ。同じ時期にクリスティーナもアデを観ていたのかと、ぼくはとても嬉しくなった。ところが書籍化され、日本語に訳されたそれからはこの一文が消えている。しばらくの間、ウェブ版は元のままだったのだが、いま確認したら書籍版と同じように改訂されていた。

書籍版の『dosa glossary』は日本で印刷されたものだ。できあがった直後に、東京でクリスティーナに会う機会があり、彼女自身から聞いた。輪転機を使って印刷されたタブロイド版の綴じられていない新聞用紙の束、つまりタブロイド新聞そのもの。あえてこの紙に印刷していることが予想外で驚いたのは、それまでのドーサのカタログは用紙も印刷も、クォリティにこだわりまくっていたからだ。そして、ちょうど同じ新聞社で、ぼくも『ART FOR ALL』というフリーペーパーの猪熊弦一郎特集を刷ってもらったばかりだったので、その偶然が嬉しかったし、クリスティーナも「ぜひそのフリーペーパーをちょうだい」と言ってくれて、色の再現性が悪い紙にあえて印刷することがいまの気分だったという話をしながら、ぼくらは大いに意気投合した。それで有頂天になったからか、どうしてアデのエピソードを削ったのかと質問するのを忘れてしまった。

それから数ヶ月後に、東京藝大の陳列館で『ロバート・フランク&シュタイデル展』があった。ロバート・フランクの写真展のつもりで行ってみたら、むしろ主役はゲルハルト・シュタイデルなのではないかと思えるような内容で、そのことが逆にロバート・フランクという写真家の本質を自分なりに捉えるためのいい時間になった。写真撮影と写真集編集の関係がわかりやすく説明的に展示されていたことと、フランクの映像作品がエンドレスで上映されていたことで、ぼくは自分がいまひとつロバート・フランクに関心が持てない理由がわかったような気がしたのだ。

その展示のカタログも新聞用紙に印刷されていた。それだけでなく、つくりも新聞の日曜版を模している。

BOOK MAP

『**dosa glossary**』**dosa**（2016年／dosa inc.）

『**ART FOR ALL**』**フリーペーパー**（2016年／日本橋三越本店）

『**Robert Frank: Books and Films, 1947-2016**』**Robert Frank & Steidl**（2016年／東京藝術大学）

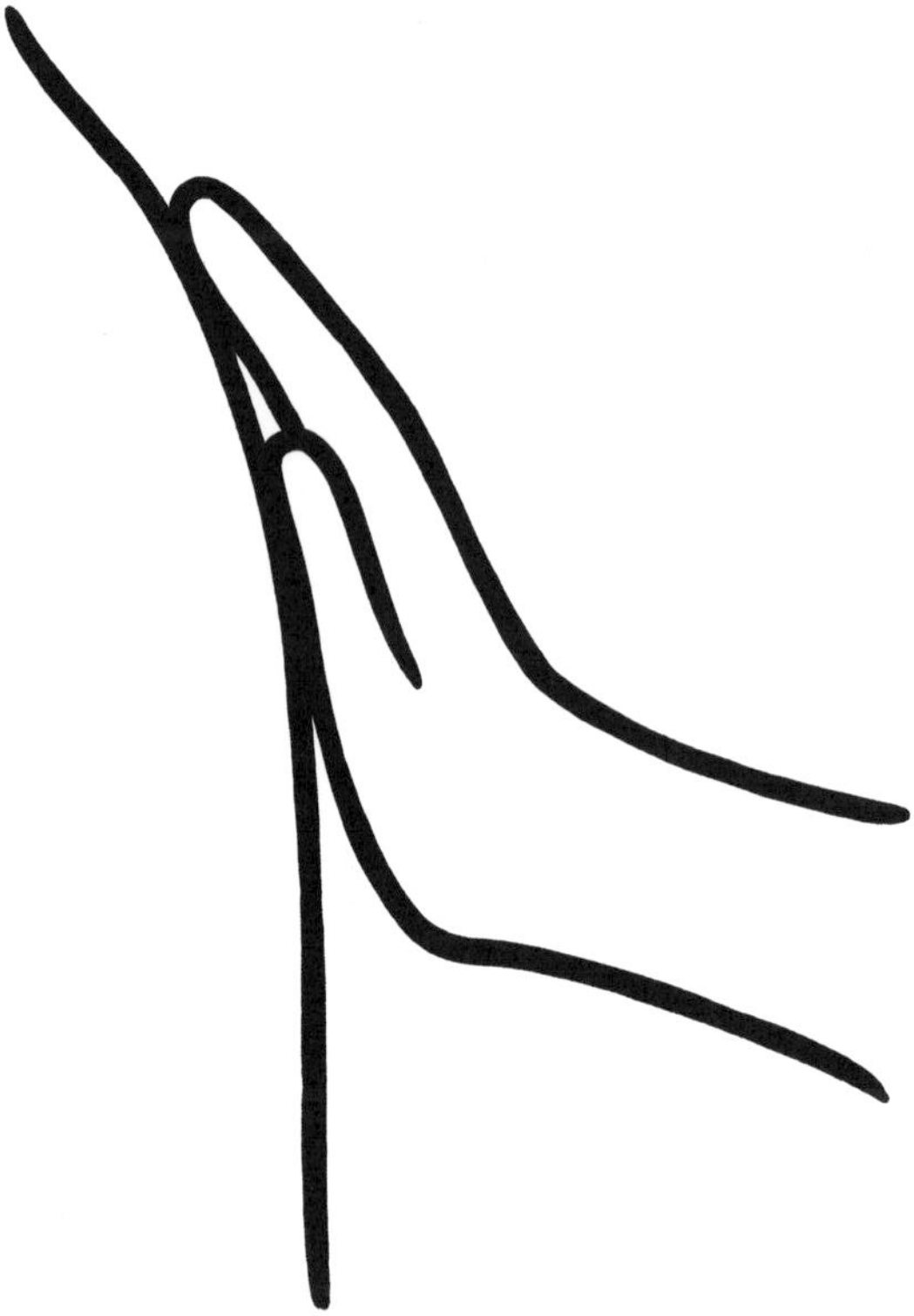

INSPIRING COMMENTARY

第十三話　背中を押す解説

今回は、自分がどうしてロバート・フランクにそれほど興味を持てないかについて書こうと考えていたのだが、もう少しすると『Don't Blink　ロバート・フランクの写した時代』というドキュメンタリー映画が公開されるらしいので、それを観てからにしたいと思う。

代々木上原に相性のいい古書店がある。相性がいいというのは、たまに行くだけなのに長らく探していた本が見つかったり、あるいはその時の興味につながっていく本に出会ったりすることが多いという意味だ。先日、その古書店で深沢七郎の『言わなければよかったのに日記』を買った。たまたまデザイナーの佐野繁次郎が手がけた装丁本や描き文字について思い返していたところだったので、手が伸びた。すでに持っていて家のどこかを探せばあるに違いないというのは毎度のこと。文庫本で安いからと自分を納得させて代金を払ったのだが、払った代金以上の収穫があった。文庫本にはだいたい、オリジナルの単行本にはなかった「作品解説」が付いている。『言わなければよかったのに日記』は尾辻克彦（赤瀬川原平）が解説を書いていた。ずいぶん昔に読んだこの本が、自分の記憶とは違っているという話から始まる尾辻の解説は、

「記憶というのは記録が発酵して表現にまで近づいているものなのだろう」という名フレーズをはじめ、本編と同等に面白く、すごく得した気分になった。

それで病みつきになったわけではないけれど、次に代々木上原の古書店に行った時に『アメリカ小説をどうぞ』という本を見つけて、編者が片岡義男だったので、もしかしたらと思い目次を確かめたら、17人のアメリカ人作家による17編の短編の後に片岡義男自身の「アメリカの強靭な生真面目さについて」という文章があった。間違いなく面白い解説だということが、タイトルだけでもわかる。「アメリカ人にとってもっとも大切なものは、家庭だ」という冒頭のワンフレーズを立ち読みして、レジに持っていった。

前に福岡の友人が主宰していた同人誌に「アメリカの息子たち」という文章を書いたことがある。ぼくが好きなアメリカの小説や映画や音楽に共通するある種の哀しみは、いったいどこからやって来るのだろうかという考察なのだけれど、アメリカについて自分が知っている知識や経験を総動員しても、大した内容にはならなかった。その時に思いついた「アメリカン・サウダージ」という言葉だけは気に入っている。当たり前のことだけれど、片岡義男の考察は深く、そして核心を突いていて、ぼくが、例えばビーチ・ボーイズの『ペット・サウンズ』を聴く時や、ジェームズ・マンゴールドの『ウォーク・ザ・ライン』を観る時に感じていたアメリカン・サウダージの正体が、ようやく理解できた。

その勢いを借りて、ずいぶん前に手に入れて放っておいたままだった江藤淳の『アメリカと私』を読んでみようと思った。保守派の論客として知られるこの文芸評論家の著作に興味を持ったのは、タイトルと、著者が20代最後の年（１９６２年）から、プリンストン大学の客員研究員として滞在した時期のアメリカへの考察だったからだ。それで、最近の自分内ブームである「解説」をまず読んでみる。加藤典洋が書いたものだ。初版が発行された１９６５年と、講談社文芸文庫として発行された２００７年との時代背景の違いが生む、感覚のズレが率直に表現されていて面白い。締めの言葉も素晴らしかった。やっぱりこの本は、いま、このタイミングで読むべきものだったのだと感じる。まだ読んでいないけれど。

BOOK MAP

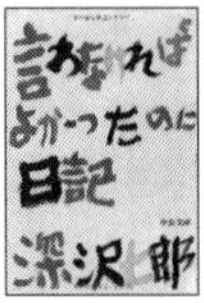

←

←

←

『言わなければよかったのに日記』深沢七郎（1987年／中公文庫）
『アメリカ小説をどうぞ』片岡義男 編（1990年／晶文社）
『アメリカと私』江藤 淳（2007年／講談社文芸文庫）

IN NO GREAT HURRY

第十四話　急がない人生

ロバート・フランクのドキュメンタリー映画の初回は11時半上映開始だった。その前に昼ごはんを済ませてしまおうと計画を立てて家を出たのだが、まだそんなにお腹が空いていない。映画の後にするつもりだった『ソール・ライター展』を先に観ることにした。モノクロ写真、カラー写真、そして彼の描いた絵が展示されていて、映画上映まで1時間しか残っていないという状況で会場に入ったことをすぐに悔いた。あらためて来ようと考えながら作品を観る。2006年に出版された写真集『EARLY COLOR』で知ったカラー写真が、やはりいちばん印象的だった。車の中からウィンドウ越しに、あるいは結露した窓ガラス越しに撮られたものが特に好きだ。松本隆と建築家で詩人の渡辺武信が対話する文章を思い出す。松本隆の『風のくわるてつと』で読んだのだったか記憶は定かではないけれど、内容はガラス越しに都市を見ることの意味についてだったはず。

ドキュメンタリー映画『Don't Blink　ロバート・フランクの写した時代』が始まってすぐに、『ソール・ライター展』を後にすべきだったなと思った。つなぎの細かなスピードある編集は、写真展会場のところどころにあったソール・ライターの、例えば「幸せの秘訣は、何も起こらないことだ」というクォートに深く頷いてきたばかりの自分にはトゥーマッチに感じる。比較対象があるだけに、より強くそう思ってしまったのかもしれない。

後日、あらためて『ソール・ライター展』を時間をかけてゆっくり鑑賞した。出口で無料配布冊子をもらい、カフェに寄ってそれを読む。飯沢耕太郎がロバート・フランクとソール・ライターについて書いていた。一見対照的な二人には共通点も多いという流れの解説だったけれど、高名な写真評論家をもってしても、活動拠点がニューヨークだったことと、ななめ後ろから捉えた写真が多いということというのがその結論で、むしろ二人が正反対の存在であることの証左のように思えた。

2回目のこの日、会場内の大事なキャプションを読み落としていたことにも気づいた。写真作品＝モノクロ写真と見做されていた時代に、ソール・ライターがいち早くカラー写真を撮っていたのは、消費期限の切れたリバーサル・フィルムを手に入れたからなのだそうだ。あの独特の色彩は消費期限の切れたフィルムの恩寵だと書かれていた。

それで思い出したのは、奥山由之の写真展『君の住む街』だ。雑誌連載をまとめたこの展示は、35人の若い女優たちのポートレイトが中心なのだが、合間に風景写真も挟まれている。展示では被写体の女優それぞれの名前がわかるように構成されていたが、会場内で買った写真集のほうには、最後のページにインデックスのように書かれているだけだったし、風景写真の点数が展示よりも多かった。女優たちの名前をほぼまったく知らないぼくには、この本がかわいい女の子が写っている東京の風景写真集に見えた。たまたま写真展が始まる数日前にご本人に会う機会があり、彼がすべての写真をポラロイドフィルムで撮影したと聞いていた。ポラロイド社はとっくの昔にフィルムの生産を終了しているので、インポッシブルプロジェクトのフィルムを使ったのだろう。ぼくにとってインポッシブルのフィルムは、期限切れのポラロイドフィルム以上に発色が悪いからと、使うのをやめてしまったものだ。奥山由之のポラロイド写真は輪郭がぼけ色で滲んでいるがゆえに、独特の浮遊感があった。

BOOK MAP

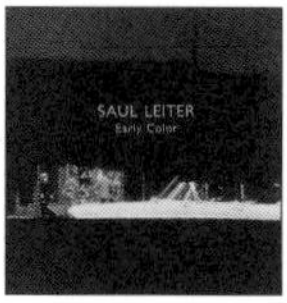

『EARLY COLOR』SAUL LEITER（2006年／STEIDL）
『Bunkamura magazine』（2017年5月145号）
『君の住む街』奥山由之（2017年／SPACE SHOWER BOOKS）

MORE THAN YESTERDAY

第十五話　東京らしい風景

何ヶ月か前に東京に関する本を書いた。そしてある人がその本の感想を書いてくれた。自分が意識していたことを的確に捉えてくれただけでなく、まったく気づいていないことをも指摘してくれていて、とても示唆に富む内容だった。その人がぼくの本を読みながら頭に浮かんだ本として、梅本洋一の『建築を読む』を挙げていたのだが、知らないものだったからすぐに手に入れた。

ぼくの書いた本と「一種の双生児として読める」と、その人は書いてくれた。けれどそれは身にあまるようなぼくへの大きな買いかぶりであって、映画批評家の梅本洋一による東京と横浜の建築物についての考察、そして風景論は深い知識と明快な論理に基づいたものだった。当然のことだが、ぼくの著書は足元にも及ばない。梅本洋一の著作を読むと、現在の東京の風景がどうしてこのように脈絡のないものになっているのかが、とてもよくわかる。そしてその論を支えるのは、ノスタルジーを力学にして記述しないという作者の強い意志である。過去のそれほど大したものではなかったものを、実際以上に価値付けることで、現在はそうではないと強調する手法を取らないから、気持ちよく読み進めることができる。

いちばん面白いと思ったのは小林信彦について書かれた章だった。何故かというと、ぼくは小林信彦の『私説東京繁昌記』があまり好きではなかったからだ。東京についての本を書く前に、久しぶりに文庫版の『私説東京繁昌記』を読んだ。小林信彦は例えば渋谷について、企業が用意した文化戦略を真に受けた、頭がカラッポでファッション感覚だけは人並みというヤングにふさわしい街と書く。公園通りにパルコができた年に上京したぼくのことだろうかとドキッとする。そしてそこに悪意のようなものを感じ、この作家が書く東京が好きになれなかった。再読してもその感想や印象はほぼ変わらなかった。

ところで、梅本洋一は明治維新以降の東京の大きな景観面での変貌を4回としている。1回目は関東大震災（1923年）、2回目は太平洋戦争末期の東京大空襲（1945年）、3回目は東京オリンピック（1964年）、そして4回目はバブル経済（1990年前後）。地震による破壊と空襲による破壊に続く2回は、それぞれ政治による破壊、経済による破壊と位置づけ、その周期はおよそ20年だと考える。関東大震災は未経験だがその後の3回の変貌を体験した小林信彦の思いについて、梅本はこの章で丁寧に掘り下げていく。さらに「エピローグ」という章で、この章を書くために再読した3冊の本について挙げていて、そのうちの1冊は小林信彦と片岡義男の対談集『昨日を超えて、なお…』だったから驚いた。ぼくの東京に関する本は片岡義男の「東京の隙間を生きる」から引用した一文で始まる。その言葉を選んだのは、小林信彦の東京の捉え方と真逆にあると感じたからだったのだが、その2人が80年代の初頭に対談集をつくっていたなんて知らなかった。

慌てて手に入れた対談集のテーマは東京、そしてアメリカ文化を受容する感覚の変容についてだ。40年代から70年代までを10年ごとに語っていた。片岡は聞き手に徹していて、その受け答えが冷静で納得のいくものと感じたからに違いないが、小林はぼくが勝手に抱いていたイメージを裏切るような、素直な語り口で自分の体験を披露する。東京がいつ頃からどんな理由で無軌道になっていくのかについての、貴重な体験談だ。面白い。もっと早くに読んでおくべきだった。

BOOK MAP

← 

← 

← 

『建築を読む』梅本洋一（2006年／青土社）
『私説東京繁昌記』小林信彦・荒木経惟（2002年／ちくま文庫）
『昨日を超えて、なお…』小林信彦・片岡義男（1980年／角川書店）

ACT NATURALLY

第十六話　自然派について

ここ1ヶ月のうちに2度も『美味しんぼ』が話題になる機会があった。どちらも、自分の人生にとって大切なことはすべて『美味しんぼ』から学んだというような内容で、もちろんそこに多少の誇張はあるにしても、ジョークではないことがちゃんと伝わってきた。

最初はトークイベントの席。ぼくが食材について真剣に考えることはカウンターカルチャーにつながるというような話をした時に、話し相手だった若いチョコレート職人が、同じようなことが『美味しんぼ』にも書いてありましたと言った。それがどの回のことなのか、ぼくはいまだに思い出せていない。そして昨夜。友人たちと自然派ワインを飲みながら、どういうわけか『美味しんぼ』の中でいちばん心に残っているエピソードは何かという話題になり、酒席が盛り上がった。ぼくは代替わりした天ぷら屋の話が好きだ。とはいえ詳細まではあまり憶えていない。名人と呼ばれた親の後を継いだ息子が「先代よりも味が落ちた」と言われ、常連たちが店を離れていく。腕も味も実際にはそんなに差がないのにどうしてなのか、主人公の山岡士郎が考えて二代目に秘策を授けるというのが大筋だったと思う。その場にいたみんなも、その回は印象に残っていたらしく、新しいものは古いものと比較され、必ずといっていいほど叩かれるが、新しいことをしようと考える人間はそれを乗り越えるために何をすべきかとか、新しいものもいつの間にか古くなり、その後に続く新しいものを叩く側にまわるのはどうしてなのかとか、たしかに人生にとって重要な問題について語り合っているような気分になった。

会話に参加していたひとりが「そういえば『アヒルストア』の齊藤輝彦さんも『美味しんぼ』好きでしたよね」と言った。確信を持てなかったので、家に帰ってから久しぶりに『ウグイス アヒルのビオトーク』を読み返した。30ページほど読み進めたら、たしかに齊藤くんが「僕の人生のバイブル『美味しんぼ』の話もしていいですか?」と発言している。しかも、そこで彼が挙げたエピソードは、天ぷら屋の二代目の話だったのだ。おかげで、その回は単行本の第8巻に収められていることがわかった。

『アヒルストア』齊藤くんと『ウグイス』紺野真さんの連載対談をまとめたこの本が出版されたのは2013年だ。ちなみに二人が自分の店を始めたのは、それぞれ2008年と2005年。ワインといわれて「自然派」を最初に思い浮かべる人の数がこれだけ増えたのは、二人の力が大きいとぼくは思う。もちろん先駆者たちが切り開いてきた世界あってのことであるが、それを日常化する牽引役としての力という意味だ。だから久しぶりに読んだ対談集の自由さ(そして少しの無軌道さ)と若さはとても眩しく、そしていまもスタンスがぶれていないことの頼もしさをあらためて感じた。
　ところで、自分が飲んでいるワインのことを「自然派ワイン」とか「ヴァン・ナチュール」と呼ぶようになったのはいつからだったろうか。以前は「ビオ・ワイン」といういい方が多かったように思う。「オーガニック・ワイン」といういい方もある。ただなんとなく使っている「自然派ワイン」の定義と他との違いを、実はきちんと言葉にできない。ただそれが美味しいから飲んでいるぼくには知る必要もないことかもしれないが、さっき本屋に入ったらいちばん目立つところに『自然派ワイン入門』という本が置かれていた。しかも帯の推薦文は紺野さん。思わずそのわりと厚手の大型本をレジに持っていった。

BOOK MAP

←

←

←

『美味しんぼ』第8巻　雁屋 哲 作　花咲アキラ 画（1986年／小学館）
『ウグイス アヒルのビオトーク〜ヴァン・ナチュールを求めて〜』
　紺野 真、齊藤 輝彦（2013年／マガジンハウス）
『自然派ワイン入門』イザベル・レジュロン 著　清水玲奈 訳（2017年／エクスナレッジ）

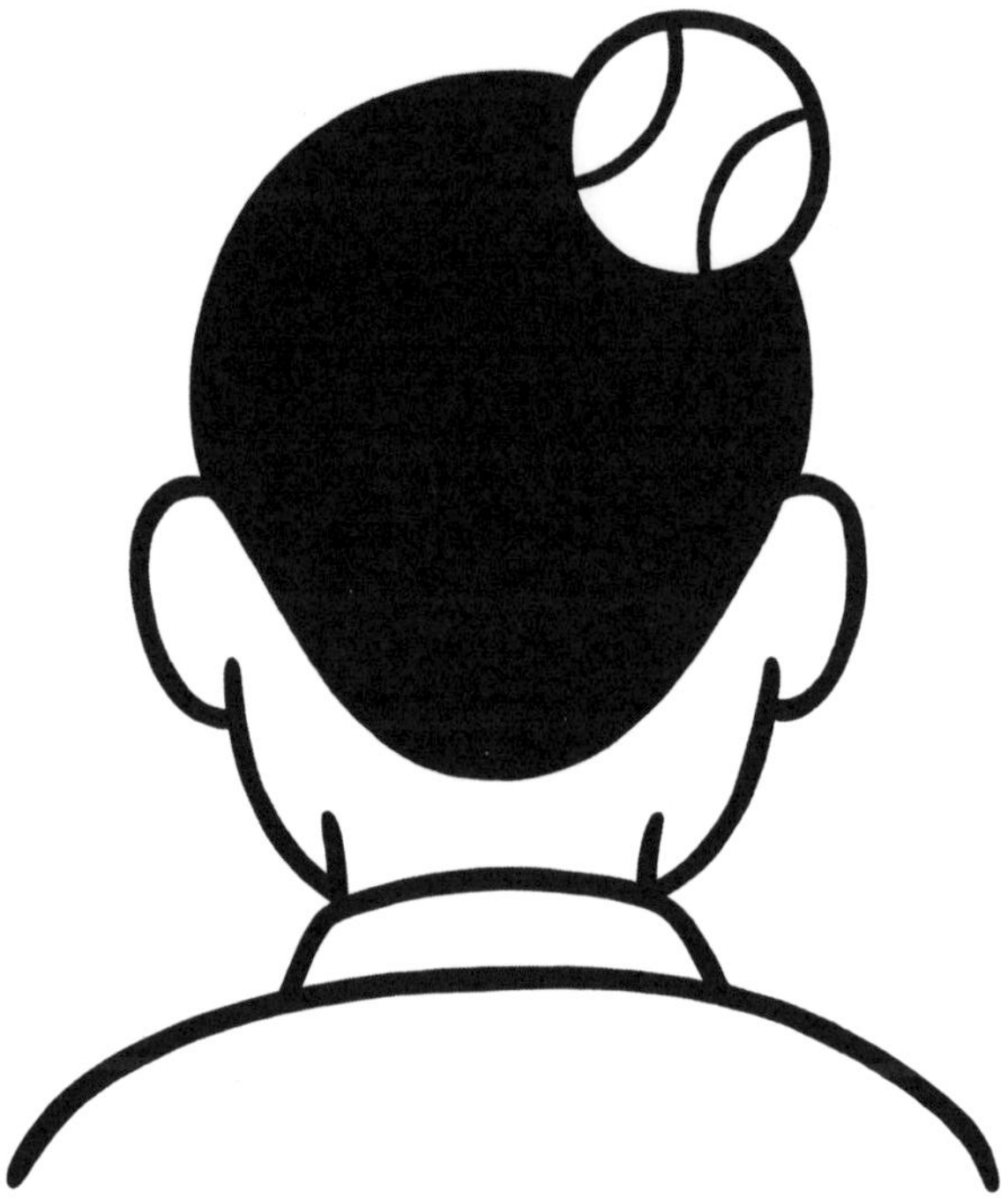

FOR BETTER OR WORSE

第十七話　言葉の功罪

『自然派ワイン入門』を読み始めたら、自然派ワインには明確な公的定義が存在しないと書いてあった。そうなると「自然派」の人気にあやかりたいと考える業者が、宣伝のために「自然派」という言葉を利用することも可能である。それが意図的なのか誤用なのかを判断するには、この本すべてを読んで正しく理解する必要がある。ここには「発酵した葡萄ジュース」というワインの原義に近い造り方をする人たちの言葉がたくさん載っていて、ジャンルでひとつに取りまとめてしまわずに、個々の声を聞いていく丁寧さがあった。読み終えるにはまだ少し時間がかかりそうだ。

つい先日、4ヶ月前に発売された『ブルータス』の「はじまりの音楽」という特集を読んでみた。前に表紙を一瞥して坂本龍一特集なのかと思い込み放っておいたものだが、まったくの勘違いで、一般的な音楽ジャンルを入り口にせずにいい音楽と出会うためのキーワードを提案するという内容だった。あぶなく個々の声を聞きそこねるところだったわけだ。その中で奈良美智が「スペルト小麦」というテーマで選盤をしていて、品種改良されていない原種の小麦のような音楽、つまり録音技術の発達によって可能になった後処理に頼らない音楽を紹介している。その論旨がとても明快で頷けるものだっただけでなく、選ばれたレコードのほとんどが自分も好きなイギリスのフォーク・リバイバル期のものだったのでとても驚いた。

そもそもずっと開いてもいなかった雑誌をあらためて引っ張り出したのは、『ユリイカ』の臨時増刊号「奈良美智の世界」で読んだ、愛知県立芸術大学教授の小西信之による奈良美智へのロングインタビューに、このブルータスの話題が出てきたからだ。そしてそのユリイカは、『疾駆』という雑誌の最新号の奈良美智特集を読んだことを契機に買ったものである。ぼくはいま奈良美智に夢中なのだ。ただしいまのところはまだ彼の言葉と文章だけ。恥ずかしい話だけれど、ぼくには自分が奈良美智の絵を真剣に観たという記憶がない。

言葉が先行してそこにジャンルがあるような雰囲気ができあがると、本質を知らなくても「自然派ワイン」だけで済ますことができるようになるのは、コーヒーの世界の「サードウェイヴ」と同じだ。やがてそれは悪しき先入観につながるだろう。好きになるにしても嫌うにしても、言葉やジャンルだけで判断できたような気になってしまう。ずいぶん古い話で恐縮だが、グルーヴィジョンズが最初の大規模なエキジビションをパルコ・ギャラリーでやった時に、宣伝のためのフライヤーに寄稿したことがある。グルーヴィジョンズを「おしゃれなグラフィック集団」とか「中目黒系」といった言葉だけで片付けて、理解したようなつもりでいるのは間違いだから、ぜひ展示を観たほうがいいという内容だった。ところが、ぼく自身が奈良美智について真剣に知ろうとしたこともないのに、海外でも人気のある美術作家で、村上隆が展開した「スーパーフラット」の作家のひとりだと片付けていた。自分の投げたボールが壁に当たって跳ね返り、自分の後頭部を直撃したということだろう。

ちょうど9月24日まで、豊田市美術館で奈良美智の１９８７年の初期作から２０１７年の最新作まで１００点ほどを展示する『奈良美智 for better or worse』展が開催されている。ぼくは必ずそこに足を運び、作品をしっかり鑑賞しなくてはならない。

BOOK MAP

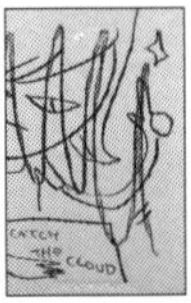

『ブルータス』4月15日号「はじまりの音楽」（2017年／マガジンハウス）
『ユリイカ』8月臨時増刊号「総特集・奈良美智の世界」（2017年／青土社）
『疾駆／chic』第9号（2017年／YKG publishing）

SOMETHING ON YOUR MIND

第十八話　心の中の何か

豊田市美術館へ行き『奈良美智 for better or worse』展を観てきた。雨の平日にもかかわらず館内には予想以上にたくさんの人がいた。そして第一室に入って驚いた。右側の壁一面にレコードジャケットが飾られている。300枚以上あった。そして左側には本や画集やコンサートパンフなどの印刷物が置かれ、壁に設えられた棚にはこけしなどがあったと記憶しているけれど、細部を思い出せない。レコードジャケットと印刷物に、気持ちのすべてをいきなり奪われてしまったのだ。

壁に飾られているのは、奈良美智がパンクに出会う前に聴いていたレコードらしいのだが、ぼくも持っているものか、もしくは欲しかったけれど当時はお金がなくて買えなかったか見つけられなかったものばかりで、まったく知らないレコードは1枚しかなかった。別にそのことを自慢したいのではない。どうしてここまで同じ音楽を聴いているのだろうか、不思議でならなかったのだ。いったん入り口まで戻り、美術館のスタッフから鉛筆を借りた。

アーニー・グレアム、オハイオ・ノックス、ポール・ハリス、ロン・コーネリアス、アン・

ブリッグス、フォザリンゲイ、タウンズ・ヴァン・ザント、エリアコード615、トニー・コジネク、バート・ヤンシュ、ボーダーラインズなどなど、70年代初頭のマニアックなシンガー・ソングライターやバンドがほとんどで、こうやって名前を挙げても、うんうんと頷きながら喜んでくれる人は数少ないはずだ。

気が済むまでジャケットを眺めながらメモを取ってから、振り向いて印刷物が置かれた展示台に近づく。真っ先に『SMALL TOWN TALK』の9号と10号が目に入った。かつて渋谷の百軒店にあったロック喫茶「ブラック・ホーク」が発行していたミニコミ誌。それで向かい側の壁のレコードが、どういう興味から集められたのかわかったような気がした。ぼくが持っていた（そして奈良美智も持っていたに違いない）『SMALL TOWN TALK』11号は「ブラックホークの選んだ99枚のレコード」という特集で、そこに載っていたレコードをよく探し歩いたのだが、展示されたレコードも、この号のリストに挙げられていたものが多かった。自分自身がこんな謎解きを作品を観る前に時間をかけてしていることが、途中でだんだん疑問に思えてきた。でも、作家本人がこういう展示形式を選んだのだから、まったく無意味なはずはないと気をとりなおし、さらに第一室に居座った。

『神田日勝』画集もあった。これは『疾駆』に掲載された奈良美智ロングインタビューで、彼がたくさんの人に知ってもらいたい画家として名前を挙げていたので、読んですぐに手に入れたのだが、表紙に使われている「室内風景」という絵１点の異様さに目が釘付けになった。静物や壁に貼られた新聞紙や電球の描写があまりに細密なので、最初はコラージュだと思ってしまったのだが、それは細部に比べた時に全体の奥行きの喪失が際立っていたからだった。展示された奈良美智の私物である画集は、もっと大判だったけれど同じ絵が表紙に使われている。

石森延男の『コタンの口笛』もあった。１９５７年に発表されたこの児童文学を読んだ記憶はないのに、アイヌの集落に住む中学生の姉弟を主人公にした物語だということは知っている。いい機会だから読んでみよう。

第二室へ入る時、ぼくはレコードを聴いて恋い焦がれていたアーティストを、はじめて生で聴くことができるライヴ会場の入り口に立っている気持ちになっていた。

BOOK MAP

← 

← 

← 

『SMALL TOWN TALK』第11号（1977年／ブラックホーク）
『神田日勝―北辺のリアリスト』（1997年／北海道新聞社）
『コタンの口笛』全4巻　石森延男（1976年／偕成社）

DANCING PEOPLE

第十九話　好きな曲で踊る人々

インスタグラムに誰かがポストした写真から発売を知り、すぐに注文しておいたアンディ・スペードの新しい写真集『Likes by Andy Spade』が届いた。表紙しか見ていなかったので、420ページもあるクロス張りの厚い本であることにまず驚いた。タイトルにある「ライクス」はインスタグラムのポストに付く「いいね」のことだ。アンディが彼のアカウントにポストしたイメージから200枚以上が選ばれて収められている。ぼくはアンディのインスタグラムをフォローしているので、ほとんどはそこで見ているはずだが、憶えていないものが意外に多かった。いずれにしてもすべてが彼のユニークな視線で切り取られた、日常とは思えない美しくてパーフェクトな正方形写真である。

2014年に出版されたアンディの写真集『PARKING GARAGE CHRISTMAS DECORATIONS』のことをすぐに思い出し、本棚を探した。こちらは2014年の秋が深まった頃から、アンディがインスタグラムにポストし始めたのをはっきりと憶えている。大都市のビル街にあるありふれた駐車場に、おそらくそこに勤めている誰かが飾りつけた、いけてないけれど可笑しみのあるクリスマスデコレーションを急に彼がポストし始めた時は、いったい何が始まるんだろうと首を傾げたが、それをまとめて写真集にするのだとわかった時には快哉を叫び、すぐにメールオーダーしたのだった。

その2冊を見比べると、同じ作者が自分のインスタグラム・アカウントにポストした正方形の写真を収めたものなのに、後者が圧倒的にぼくを魅了する。それはどうしてなのだろうか。ここのところずうっとその理由を考えて、うまく言葉にできないことにモヤモヤしていたが、それを解消してくれるヒントを、昨日、偶然に手にした。

この本の挿画を描いてくれているイラストレーター、のりたけくんのトークイベントを聴きに行ったら、彼が影響を受けた本や気に入っている本を何冊か持ってきていて、それらについて少しだけ話をしていた。ぼくはそのうちの1冊に目が釘付けになった。トークが終わった後にのりたけくんが「そんなに気になるなら貸しますよ」と言ってくれたので、家であらためてゆっくり眺めることができた。『DANCING PICTURES』という60ページのモノクロ写真集に収められているのは、踊っている人物のポートレイトだ。撮影者のクレジットはなく、モデル（踊る人）の名前とその時に流れていた曲のタイトルとアーティストの名前だけが書かれている。例えばマイケル・ジャクソンの「ロック・ウィズ・ユー」を聴きながら踊る有名でもなんでもない人の写真。なのに、この本は紛れもなく傑作だ。それを傑作たらしめているのは、明快な、切れ味の鋭い、そしてユーモアに満ちたコンセプトがあるからだろう。
　前にアンディが関わっていた時期の〈ジャック・スペード〉から、日本でも100円ショップなどで売られているチェックのビニールバッグと同じ素材でつくられたトートバッグが発売されたことがある。それふうにしているのではなく、同じ素材を使っていつもの形のトートをつくり値段もいつもどおりで特に安くはなかった。ご丁寧に「JACK SPADE WARREN STREET」というタグが「JACK SPADE GRAND STREET」に変えてある。グランド・ストリートはニューヨークのチャイナタウンにある通りの名前だ。こういうことを大真面目にやることこそ、アンディの真骨頂だとぼくはあらためて気づいた。

BOOK MAP

←  ←  ← 

『Likes by Andy Spade』Andy Spade（2017年／WMS & CO.）
『PARKING GARAGE CHRISTMAS DECORATIONS』Andy Spade（2014年／DASHWOOD BOOKS）
『DANCING PICTURES』Leanne Shapton & Jason Fulford（2001年／J&L Books）

GOOD QUESTION

第二十話　いい質問が導くもの

以前にも書いたような気がするが、アンディ・スペードが〈ジャック・スペード〉を始めたきっかけは、マイク・エーブルソンに出会ったからだ。2000年にニューヨークの〈ケイト・スペード〉のオフィスでアンディと話した時、マイクの名前を挙げずに「人間が物を運ぶことについて研究している、大学を卒業したばかりの若い男のレポートを読んだのが始まり」と言っていた。アンディが目にしたレポートの発展形が、2005年の秋にMDSギャラリーで開催された『Carrying―マイク・エーブルソンのデザインリサーチ』展だったのだと思う。ぼくはこの展示の会場ではじめてマイクに会い、すぐに当時在籍していた雑誌『クウネル』のためのインタビューを申し込んだ。

あらためて自分が『クウネル』に書いた原稿を読み直すと、その展示とマイクの発想のユニークさに自分がいかに興奮したかが思い出せる。そしてあらためて、2014年に21_21デザインサイトの『活動のデザイン展』に展示された「ハンドル・テーブル」や、2017年5月からしばらくの間、銀座のメゾンエルメスのショーウィンドウを飾ったディスプレイ「ツール・ルーツ」などにおいても、興味や疑問を抱いたものに対する関心を失わず、マイクが変わらずリサーチし続けていることに敬意を払う。

先日、久しぶりにマイクとコーヒーでも飲もうかということになった。話題はもっぱら彼と友理さんが上梓した『水たまりの中を泳ぐ』のことだ。自分たちのプロダクトのどこにどんな工夫と苦労があったのかを「ちょっと心温まるいいストーリー」なんかにせず、プロダクトを生み出す最初にある「問いかけ」にフォーカスして説明していくという編集方針がずば抜けて素晴らしいこの本が、いかにしてできあがったのかをマイク自身から聞かせてもらおうと思ったのだが、いつものように話はあちこちに飛んでいく。

マイクが「本はいくらでも物が詰められるから面白いね」と言ったのが印象的だった。たしかにマイクはちょっとした印刷物をつくるのが好きだ。ときどき郵送されてくるお知らせもいつも楽しい。『水たまりの中を泳ぐ』にもいくつか掲載されている。ぼくは中でも、京橋店が古いビルにあった頃に発行していた『POSTALCO NEWS LETTER』が好きだった。そのニュースレターは直角三角形だった。その当時、どうしてこの印刷物は三角形なのかを尋ねたら、マイクは「三角形の紙ってしまいにくいでしょう？　もらった三角形の紙を、みんなが戸惑いながら丸めたり折ったりして、それぞれの独自のやり方でポケットやバッグに入れるのを見るのが楽しいんだよ」と笑いながら答えていた。

マイクならいろいろ詳しく知っているのではないかと思って持参していた写真集『DANCING PICTURES』を見せたら、意外なことに知らないと言う。ところがパラパラとページをめくるうちに「あ、ジェイソン！」と、マイクが驚く。それでぼくは、この本は『J&L』という出版社が発行したものだと説明した。マイクの目が輝く。「ジェイソンがやっている出版社だよ。ジェイソンとは古い友達で、ポスタルコでイベントもしたことがある」と言いながら、『J&L』の他の出版物の話を始めた。その話に出てきた本を、翌週、ぼくは根室で見つけた。まさか根室で、しかも書店でもない店に置いてあるなんて想像もしていなかったから、ぼくは思わず叫んでしまった。「ハリー・スミスだ！」。

BOOK MAP

←  ←  ← 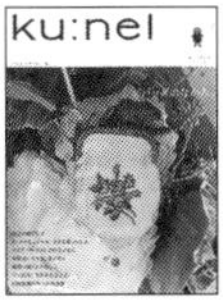

『クウネル』18号「バッグのなかみ。」（2006年／マガジンハウス）

『水たまりの中を泳ぐ』マイク・エーブルソン、エーブルソン友理（2017年／誠文堂新光社）

『Paper Airplanes: The collections of Harry Smith Catalogue Raisonné, Volume I』（2015年／J&L Books Inc.）

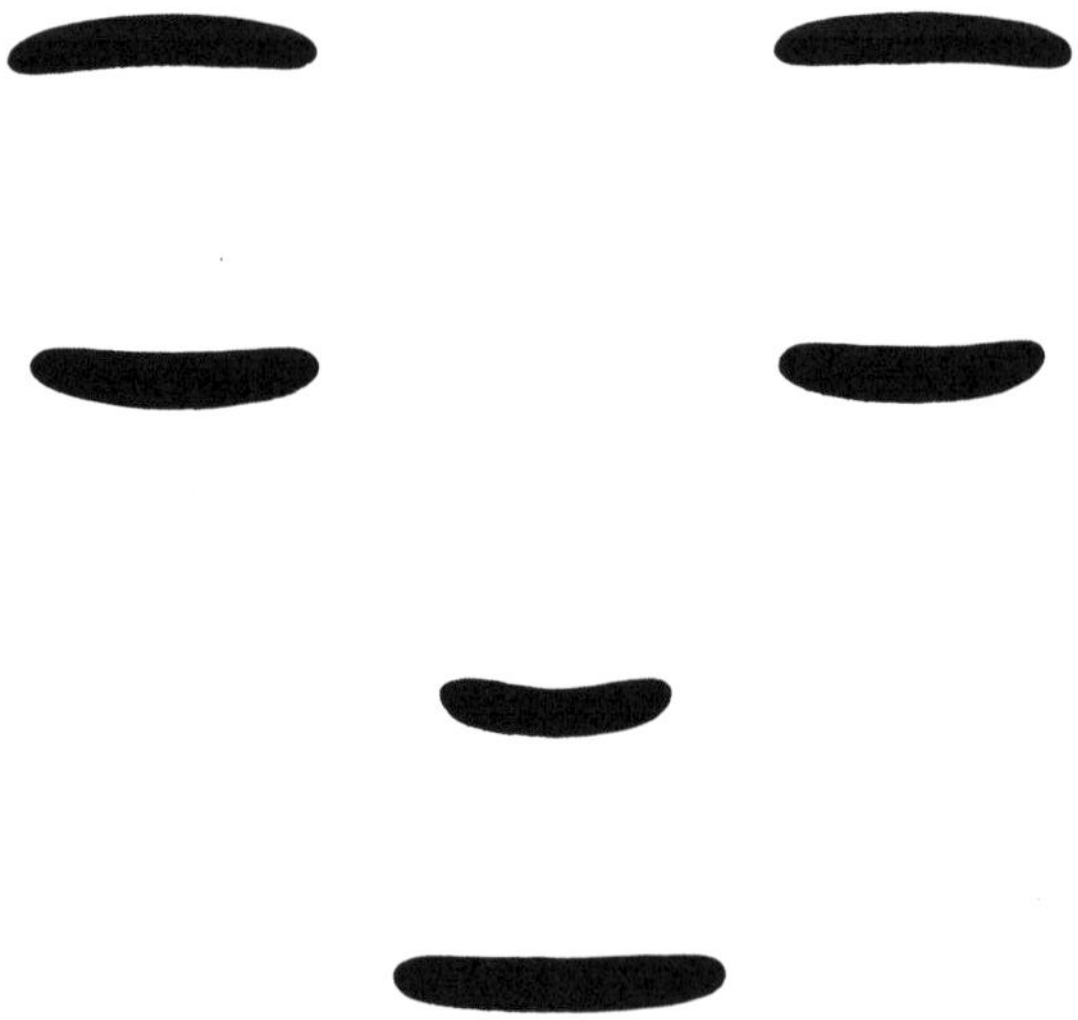

EXPRESSIONLESS

第二十一話　**無表情な少女**

かなり頓珍漢なこと、あるいは誰かがずうっと以前に指摘してすでに通説になっていることを知らずに自分の考えとして書いてしまいそうだから、なんとなくそのままにしていたけれど、注文してきたことも忘れそうなタイミングで、ようやく豊田市美術館で開催された奈良美智展のカタログが届いたので、あらためて自分なりの感想を書くべきだと思った。

手に取ってすぐにカタログが会期中に完成しなかった理由がわかった。すべての作品が展示室にインストールされた状態で撮影されているのだ。そのおかげで、美術館で観た時の気持ちが自然に蘇ってくる。もちろん例の第1展示室も、奈良本人がそれを眺める姿とともに撮影されていた。これでいつでもどのレコードがそこにあったかを確認できる。

最終日に展示をもう一度だけ観に行って、家に戻ったら友人から絵葉書が届いていた。彼も豊田市美術館に行ったらしく、絵葉書はミュージアムショップで買ったものだった。偶然にもそれはぼくが買った絵葉書と同じで、「この作品が本当に素晴らしかったんです」という言葉が添えられている。ぼくは2種類の絵葉書を買った。やはりその2枚の絵が素晴らしいと思ったからだ。「Midnight Truth」と「Midnight Surprise」というカンバスにアクリルで描かれた大作で、どちらも2017年に描かれた作品ということには、絵葉書を買った時点では気づいていなかった。カタログを確認すると、展示されていた2017年制作の作品は、紙に鉛筆で描いたドローイングなど他にも数枚あったようだが、ぼくにはすべての作品の中でこの2枚が圧倒的に胸に迫ってきた。その理由を考えればいいのだ。

美術館の中で会うことはなかったけれど、同じ最終日に東京から別の友人が2人で豊田市美術館へ行ったそうだ。どうしても観たいからと、日帰りの弾丸ツアーだったらしい。いつか感想を述べ合う会をやろうという話になり、数日前、ようやくそれが実現した。ぼくが展開した自説は以下のようなものだ。

好きと思った作品は2点で、いずれも2017年に描かれたもの。この新作2点は明らかに他のものと違っていたと思う。そこに描かれた少女からは表情を読み取れない。その無表情な少女の絵を観ているうちに、ぼくは夏の盛りに香川県丸亀市の猪熊弦一郎現代美術館で観た志賀理江子写真展『ブラインドデート』のポスターを思い出した。そこに写っているカップルは、撮影者の志賀の指示で、並走する車から撮影する志賀のカメラを見つめていたはずなのに、ある瞬間に完全な無表情になったのではないだろうか。同じように人々の無表情を撮影するため、ウォーカー・エヴァンスは30年代から40年代にかけて、ニューヨークの地下鉄の中で乗客たちを隠し撮りし、それは60年代に『Many Are Called』という写真集にまとめられた。撮影方法が違うのに、どちらにも無表情が写し取られていた。それと同じような無表情を奈良が描いているのだとぼくは感じた。つまりそれは、奈良の描く作品が肖像画であるがゆえに、その絵の意味をそこに描かれた少女の顔から読み取ろうとすることへの拒絶なのではないか。

3人で語り合うはずだったのに、この奇天烈な自説をぼくが滔々と語っているうちに、結構な時間になってしまったので、会はそのままお開きになった。彼女たちはいったいどう思ったのだろうか。ぼくには、あの2枚は顔が描かれてはいるけれど、肖像画ではなく抽象画というか、カラーフィールド絵画のように見えたのだ。

BOOK MAP

←

←

←

『奈良美智 for better or worse』豊田市美術館（2017年／奈良美智展実行委員会）
『Blind Date』志賀理江子（2017年／T&M Projects）
『Many Are Called』Walker Evans（2004年／Yale University Press）

ENGLISH JAPANESE

第二十二話

詩とレインコート

ロサンゼルスのエコーパーク地区にあるグリーン・グローサー『クック・ブック』は、大好きな店だ。もう何年も行っていないけれど、メーリングリストに名前とアドレスが残っているからか、毎週月曜日に必ずメールが届く。その週のデリカテッセンのお奨めなどのお知らせしか書かれていないことは非常に稀で、おそらく彼らが好きなのだろう詩が引用されている。そちらが本業かと勘違いしてしまうほど趣味のいいセレクトだ。もちろん英語だから、意味を完璧に理解しているわけではないけれど、難解なものはあまり選ばれないので、なんとなく気分は伝わってくる。

4年ほど前の初夏だったかに、ガートルード・スタインの「Apple」という詩が送られてきた。難しい単語はほぼないのに、どうにも意味が捉えられない抽象的な表現が多くて、日本語で読んでみたいと思った。日本では『やさしい釦』というタイトルで出版された詩集に収められていて、翻訳を担当したのは金関寿夫という英文学者だ。金関寿夫という名を聞くと、ぼくはすぐに谷川俊太郎を思い出す。かつて二人はカリフォルニア州のネヴァダシティーへ行き、ゲーリー・スナイダーに会っている。邦訳が出ているのはわかったけれど、肝心の本はなかなか見つからなかった。ところがある日、古書店を営む友人が「探しているのはこの本じゃないですか?」というメモとともにその本を贈ってくれた。そうやって親切でいただいた本に文句をいうわけではないが、金関の翻訳した「リンゴ」は、読んでみると妙に硬くギクシャクしていて、わからないままに英語で読んでいた「Apple」とはずいぶん趣が違っていた。当の金関すら「あとがき」で翻訳について本音らしきことを書いているのである。

「ところが問題は翻訳だ。英語と日本語とでは、当然その言語構造に天地の開きがある。普通尋常な詩でも完璧な訳は不可能なのに、スタインのように奇矯な作家の作品の魅力が、日本語で十全に伝わるはずがないのである」

数年前に読んだこの文章をふと思い出したきっかけは、映画館で観たジム・ジャームッシュの『パターソン』だ。永瀬正敏が演ずる日本人旅行者が、主人公のパターソンに「翻訳した詩を読むなんて、レインコートを着たままシャワーを浴びるようなものだ」と言う。映画の中でパターソンが妻にせがまれてウィリアム・カーロス・ウィリアムズの詩を朗読する。そのシーンにはもちろん日本語字幕が付いているから、ぼくは字幕を読んだ。あとでその詩の原語版を探して読んでみたら、英語のままのほうが、真の意味を理解できていないのにずっとかわいらしいと感じた。

それからしばらくして京都の『誠光社』からジョンとポールの『ENGLISH-JAPANESE』というCDがリリースされた。インスタグラムに店主の堀部くんが書いた解説を読み、ぼくはすぐに通信販売で入手した。言語はリズムや音階を内包しているから、それをそのまま同じアレンジと内容で他言語には移し替えられないという常識に、日本人ミュージシャンが真っ向から挑戦した作品であるこのCDに、ぼくは完全にKOされた。選ばれた英語曲が、何十年も聴き続けているものだったので、堀部くんの解説どおり、リズムを損なうことなく絶妙な加減で日本語に移し替えられているのがわかる。その言葉から浮かび上がるイメージは、英語圏のリスナーが英語の歌詞からイメージするものとは違っているだろうが、長年聴いた曲から想像した世界に、日本人のぼくにはピタリとはまっているように感じられるのだ。

BOOK MAP

『やさしい釦』ガートルード・スタイン 著　金関寿夫 訳（1984年／書肆山田）
『パターソン』ジム・ジャームッシュ（2018年／バップ）
『ENGLISH-JAPANESE』ジョンとポール（2017年／誠光社）

JUST TO SAY

第二十三話　**アメリカ詩の軽さ**

ジム・ジャームッシュの映画『パターソン』の中で、夫が妻に読み聞かせたウィリアム・カーロス・ウィリアムズの詩は「This Is Just To Say」というタイトルだった。誰かが冷蔵庫にしまっておいたプラムを勝手に食べてしまい、それを謝罪するという内容の、とても短い詩だ。ウィリアムズについては、アレン・ギンズバーグの詩集『HOWL』の表紙に、序文の書き手として大きく名前が入っているにもかかわらず、そのことに気づいてもいなかったし、何よりも存在そのものを知らなかった。ちなみにぼくはろくに読めもしない『HOWL』の原書だけでなく、その表紙がプリントされたトートバッグまで持っているのに、だ。ウィリアムズの「This Is Just To Say」は、これが詩なのだろうかと思うほど平易な言葉だけで書かれている。そしてとても魅力的だ。英語のままで伝わってくる豊かな感情があった。こういうスタイルの詩を何といえばいいのか考え始めた時に、西原克政の『アメリカのライト・ヴァース』という本を教えてもらった。

著者はアメリカのライト・ヴァースという詩のジャンルの特徴を、「『簡潔な文体』『軽やかさ』『適切な詩の長さ』等ということになろう」と書いている。なるほど、ウィリアムズの例の詩がそのまま当てはまる。この本の中にも、やはりウィリアムズの詩についての1章があった。著者はウィリアムズの「赤い手押し車」（The Red Wheelbarrow）という詩を、6つの異なるアプローチで分析する。この章は刺激的なこの本の中でも特に面白く、イギリス詩とアメリカ詩の違いや、アメリカ詩の歴史や、この詩の味わい方など、いくつもの学びがあった。比較文学的アプローチの項では、久保田万太郎の俳句までをも俎上にのせる。翻訳によって失われるものを、丁寧にいろいろな形で補おうとしてくれているのだと感じた。

他に紹介されていたのは、作品を読んだことはなくても名前ぐらいは聞いたことのある詩人が多かったが、ロバート・ブライという詩人の名は初耳だった。引用されている「Driving Toward the Lac Qui Parle River」という詩を読みながら、片岡義男の『ロンサム・カウボーイ』の最初の章をはじめて雑誌『ワンダーランド』の連載として読んだ時の興奮を思い出した。アメリカにしかないような風景を淡々と語る中から、非情な自然とともに生きる人に特有な感性がどうして生まれるのかについてまで浮かび上がらせていくという語り口が、ブライのこの詩と片岡の『ロンサム・カウボーイ』が共通して持っているものではないだろうかと、ぼくは感じた。ブライの詩を解説するために著者の西原が思い浮かべ引用していたのは、鈴木大拙の『東洋的な見方』に収められたエッセイだった。大拙が「妙」という日本語にあたる英語を探していて、シェークスピアの『お気に召すまま』の台詞（ちなみに11ワード）に行き当たるという内容のもの。金沢にある鈴木大拙館で、この英語の台詞を大拙が英語のまま書いた掛け軸を見たことがあったので、このエピソードはぼくもよく憶えている。ひとつの言語を他の国の言語に移し替える難しさは、両方の言語を扱える人をもってしても難しいことのようだ。

いま、友人に借りた『ONE HUNDRED FROGS』を読んでいる。松尾芭蕉の「古池や蛙飛びこむ水の音」の英訳を100種類集めたこの本には、鈴木大拙とアレン・ギンズバーグによる英訳も含まれていた。

BOOK MAP

← 

← 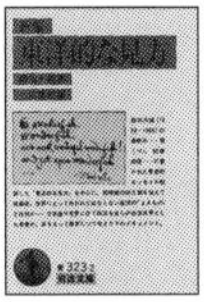
← 

『アメリカのライト・ヴァース』西原克政（2010年／港の人）
『新編 東洋的な見方』鈴木大拙（1997年／岩波文庫）
『ONE HUNDRED FROGS』Hiroaki Sato（1995年／Weatherhill）

WHERE LOVE IS

第二十四話　**カスレと餃子**

インスタグラムにポストされる写真で多数を占めるのは、自分のタイムラインを（時系列ではなくなって久しいので、タイムラインというい方は正しくないけれど）見るかぎりでは、圧倒的に食べ物だ。知らない店の知らない食べ物が現れるととても気になるし、そこに店名などが書いてあれば貴重な情報になる。ただ、1枚の写真と短いキャプションだけで、情報を超えた味のある読み物にするには文章力も必要になるから、そこまで練り上げられたものが投稿されることは稀だ。それでも長いことフォローし続けていると、投稿者の考え方や趣味嗜好がだんだんとわかってくる。わかって然るべきだ。

料理写真家の日置武晴さんのインスタグラムをフォローし始めたのはいつだったか、そんなに昔ではないはずである。それ以前から日常的に覗いてはいた。思わずよだれが出るような迫力のある写真が多いのだが、すぐにフォローする気にはならなかった。ぼくには、日置さんはわりと同じレストランの同じ料理を繰り返し何度も投稿している印象があった。具体的には東京の南青山にある『ローブリュー』という店のカスレだ。白いんげん豆をソーセージなどとともに煮込んだフランス南西地方の郷土料理。ぼくもこの店に2度ほど行ったことがあるけれど、2度とも日置さんがカウンターで食事をしていて、本当に好きなんだなと感心した。ぼくにも頻繁に通う店はあるけれど、何度も同じ料理の写真を投稿したことはない。どこかでバランスを取るということを考えてしまっているからだ。しかし、日置さんは気にするふうもなく、たびたびカスレ、あるいはローブリューの他の料理の写真をたくさんポストする。あとはルイ・ジュリアンのワイン。その情報はもう知っているよとどこかで考えていたから、ぼくはすぐにフォローをしなかったということなのだ。

数日前に書店で日置さんの著書『ぼくの偏愛食堂案内』を手に取った。見慣れたインスタグラムの写真をそのまま使ってつくられている。iPhoneの画面で見るよりも大きいから、写真の素晴らしさがさらに際立っていた。それから日置さん自身が書いた序文を立ち読みする。そこに彼が思う素敵な食堂の条件が5つ書いてあった。どれも納得できる言葉で、ぼくも同じように思う。日置さんが繰り返しカスレの写真を投稿するのは、手持ちのレストランの「情報」が少なかったからではない。どうしてぼくは彼の「信条」をインスタグラムを見続けるだけで理解できなかったのだろうかと恥ずかしくなったし、投稿のバランスを取るために、好きな店ばかり続けないようになどと、つい考えてしまう自分の小賢しさが格好悪いなと思った。ぼくも日置さんのように、愛が偏ることを恐れない男になりたい。

そういえば「最近はあまり『按田餃子』に行かないんですね」と言われたことがあった。これもまた愛が偏らないように、インスタグラムにポストすることが少なくなっていたからだろう。罪滅ぼしにはならないだろうが、按田優子さんの『たすかる料理』を読んだ。声を出して笑ってしまう本は久しぶりだった。高校生男子3人が店に餃子を食べにきた時のエピソードなど、もう最高なのだ。「青年たちのその日の出来事になんの影響も与えない料理だったことに手ごたえを感じました」という結論が、料理人とはこういう存在という世間の思い込みを蹴散らしてくれて痛快である。あの店で餃子を食べる時の自分の気の抜け具合は、按田さんの哲学に支えられていたのかと、頭が下がった。

BOOK MAP

← 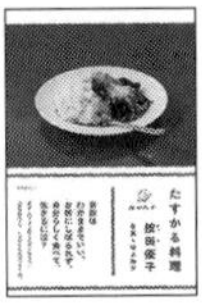 ← 

『ぼくの偏愛食堂案内』日置武晴（2017年／KADOKAWA）
『たすかる料理』按田優子（2018年／リトルモア）

HAPPY DAYS

第二十五話　いい人生

先日、ある方からメールをいただいた。内容は東京會舘の新館のことで、1枚の画像が添付されている。新しい東京會舘の完成予想図だった。そのCGをよく見ると、エントランスの壁に猪熊弦一郎のモザイク画『都市・窓』が飾られている。建て替えのためにビルが壊された時に、あのモザイク画はどうなってしまうのだろうと、ことあるごとに誰彼かまわず話したり、文章を書いたりしたのだが、保存された壁が新しい場所に戻ってくることを、その方は親切に教えてくれたのである。

東京會舘の壁画と『画家のおもちゃ箱』という本に出会わなければ、ぼくはこれほどまでに猪熊弦一郎を好きになっていたかどうかわからない。どちらも美術館で観た絵ではないことが、逆に彼への愛着を深めたのかもしれない。

『画家のおもちゃ箱』は、猪熊弦一郎の住居にあったさまざまなものを撮影した写真と、それにまつわるエピソードを綴った大型本で、長らく絶版のままになっているので、古書市場ではかなりの値段が付いているが、先頃出版された『猪熊弦一郎のおもちゃ箱』という本に、その一部が再録されている。再録だけでも嬉しいのに、猪熊の人生を簡潔で平易で愛情たっぷりにまとめた文章と共に、彼の作品がカラーで多数掲載されていて、これまで数冊の古い本や雑誌や展覧会カタログにあたり、断片をつなぎ合わせなければなかなか全貌が理解できなかった猪熊弦一郎を知るには、最適の本となっている。

ぼくもこの本の編者と同じように、猪熊弦一郎の作品は彼の人生と人生観を知れば知るほど胸に迫ってくると考えている。人生最大の悲しみであっただろう妻の死さえも乗り越えて、未来への楽観と自分自身の可能性への無限の信頼に満ちた作品を生み出し続けた画家だからこそ、何か特別の感情を抱きながらその作品を観てしまう。

彼のライフヒストリーでもっとも好きなエピソードは、第二次世界大戦のためにパリ遊学を途中で切り上げてしまった悔いを晴らそうと、1955年にあらためてパリへ行くことにしたのに、アメリカ経由にしたため、途中で立ち寄ったニューヨークのエネルギーに圧倒されて、そのまま10年も住み着いてしまったという話。この時の猪熊弦一郎は52歳だった。この逸話には「決意」よりも「無邪気」という言葉が似合うと思う。

猪熊弦一郎自身が撮影した『WALLS IN N.Y.C.』という写真集には、その無邪気が溢れている。彼はニューヨークに到着してすぐに、壁の落書きや広告ポスターを剥がした跡や、路上のガラクタなどを撮り始めた。「落書きは純粋な人間の心がそのまま壁に残っている言葉だ」

と彼は書く。グラフィティ時代到来のずうっと以前。人や風景を見る時の、この邪気のない優しい眼差しが、ぼくの考える猪熊弦一郎らしさだ。

そういえば、昨年の秋だったか、香川県の丸亀市にある猪熊弦一郎現代美術館の常設展示室で、猪熊弦一郎が40年にわたって描き続けた雑誌『小説新潮』の表紙原画をたくさん観ることができた。これまでも何点か観たことはあったが、この時は表紙絵と同時に、おそらく同じ号に掲載されていたのであろう彼自身の短いエッセイも読めるようになっていて、それがニューヨーク在住時代の猪熊の生活が垣間見られる面白いものだった。いつか単行本にまとまったら、さぞかし素晴らしい本になるだろう。

BOOK MAP

← 

← 

『猪熊弦一郎のおもちゃ箱』（2018年／小学館）
『WALLS IN N.Y.C.』猪熊弦一郎（2017年／丸亀市猪熊弦一郎現代美術館）

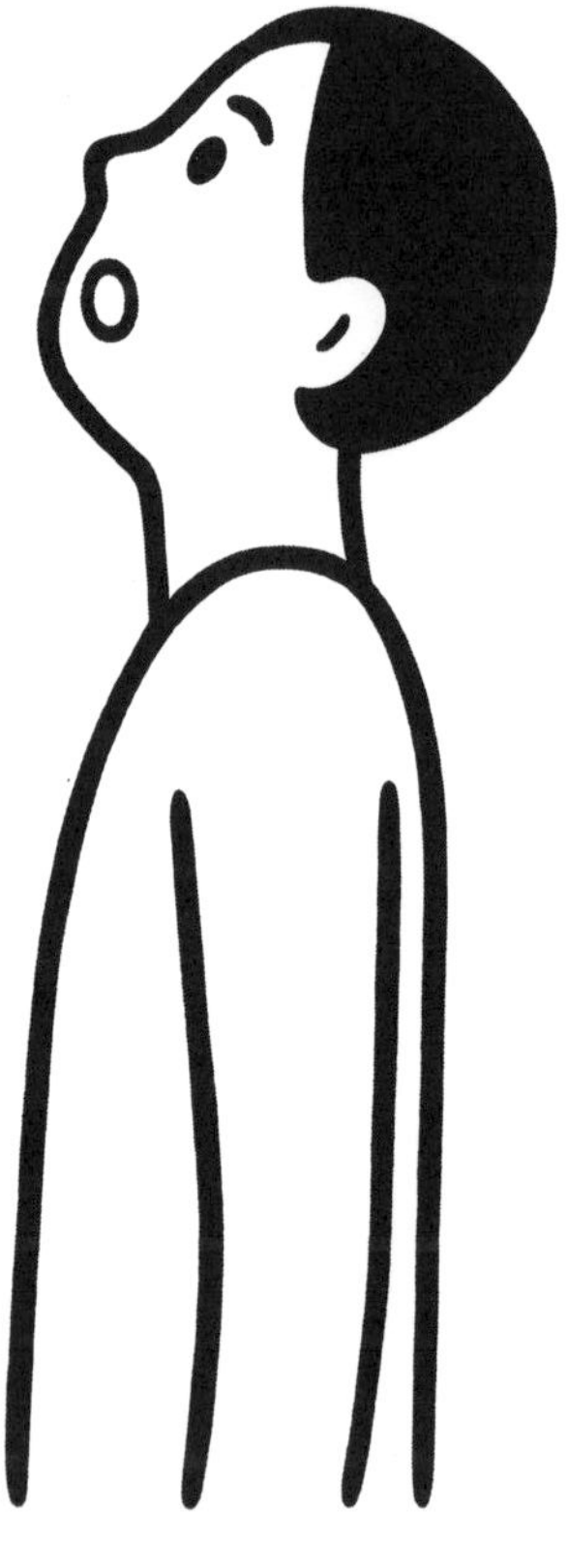

AWESOME TOWER

第二十六話　べらぼーな塔

『太陽の塔からみんぱくへ―70年万博収集資料』という本を通販で買った。手元に届いてから、それが国立民族学博物館で開催されている特別展示のカタログであると気づいた。ちょうど京都へ行く用ができたので、出発を少し早めて大阪に寄った。

万博収集資料というのは、1970年の大阪万博の際に太陽の塔地下に展示する目的で1968年から69年にかけて世界各地から集められたものだった。その収集は平均年齢30歳あまりの文化人類学に携わる人たちによって構成された「日本万国博覧会世界民族資料調査収集団」（通称EEM）が、47の国や地域に散らばって担当した。2500点にものぼる収集品は道具や神像、衣服、楽器など多岐にわたる。それを民族学博物館の研究者が残された資料や当時の状況を鑑みながら構成したのが今回の特別展の内容だ。素晴らしい展示だった。中でも心惹かれたのは、やはり個人的に興味のある北米の先住民関連のものだ。カチーナドールももちろん展示されていた。全部で5点。ところが解説のプレートは6つあって、右端に「カチーナ神像（熟覧映像のみ）」というプレートがある。非公開ならばわざわざ置く必要があるのだろうかと、疑問に思った。ところが展示台の下に設けられたディスプレイ画面に、この非公開のカチーナについて語る人物の映像が流れた。「私の生まれ育ったソンゴーハヴィ村落で非常に重要な役割を担うものなので、協議した結果、非公開としてもらった」。

その映像を観て驚き、あらためて詳しい解説を読む。国立民族学博物館はEEMが収集した資料を、それが本来あったコミュニティに属する人に見せ、その人の経験や記憶をもとに文化的文脈に沿って解説をしてもらうという調査を実施していて、このカチーナについてもホピ族の人たちを民族学博物館に招聘して、ひとつひとつ熟覧し、コメントをもらっていたのだ。非公開とするだけでなく、その理由を明らかにすることで、収集品がコミュニティにとって本来はどのような意味を持つものかが理解できる。収集品についての調査がこれほど丁寧に行われ、敬意を払った展示方法がなされていることに感動した。

展示を見終えてミュージアムショップに寄る。カタログはすでに手に入れているので、他の関連書籍の中から『「太陽の塔」岡本太郎と7人の男たち』という本を買った。ぼくは1970年の大阪万博は見ていない。万博記念公園にはじめて来たのは5年か6年前で、写真でしか知らなかった太陽の塔の存在感と異様さにたじろいでしまった。いったい万博当時はどのように見えていたのだろう。

ずうっと非公開だった塔の内部は、現在、補強や修復を経て一般公開されている。見学の事前予約をせずに来てしまったことを悔やみながら、京都へ向かう電車の中で本を読み始めた。岡本太郎は大阪万博のテーマプロデューサーだった。太陽の塔の原型をつくったのも彼だ。石膏と手でつくったその造形物を、70メートルの高さがある建造物に仕上げたり、内部の展示空間を形あるものにしたのが、ほぼ20代、30代だった。国家的プロジェクトを若い世代に任せることなんて、いまの日本ではあり得ない話だと思う。どうしてそんなことが可能だったのかという、この本の著者の問いに対し、当時まだ20代で、テーマ館地下展示のディレクターを務めた伊藤隆道の答えが、いちばん冷静でリアリティがあった。「われわれの上の世代は多くの優秀な人たちが戦争でいなくなった」。

BOOK MAP

←

←

『太陽の塔からみんぱくへ—70年万博収集資料』（2018年／国立民族学博物館）
『「太陽の塔」 岡本太郎と7人の男たち』平野暁臣（2018年／青春出版社）

WIFE AND A CAT

第二十七話　ジラード邸の写真

葉山にある神奈川県立近代美術館に行った。お目当ては『コレクション展　抽象の悦び』という展示で、そこには1枚の壁に岡田謙三と川端実と猪熊弦一郎の抽象画の大作が並べられていると聞いたからだった。この3人はほぼ同じ時期にニューヨークにアトリエを持ち、そこで制作をしていた。香川県の丸亀市猪熊弦一郎現代美術館（ミモカ）でギャラリートークをすることになったので、その準備の一環として観ておきたかった。

神奈川近美では企画展『ブルーノ・ムナーリ』も開催中だった。よく知っていると考えていたデザイナーだったが、最初の展示室に油彩画や水彩画があり、ムナーリが「未来派」の一員として彼のキャリアをスタートさせていることに驚いた。年齢を重ね、その時々の興味に素直に従い、考え方を発展させて、いろいろな活動をしていった姿のほんの一部しか知らなかったのだ。ムナーリは90歳で亡くなった。そういえば猪熊弦一郎も90歳で亡くなっている。長生きな芸術家は、その生涯すべての作品を追っていくと面白いし、晩年になってどんどん自由度が高まり、まるで子供のように無邪気になっていくところが、フィールドは違えども、この二人は似ているのではないかと思った。

そしてさらに、アレキサンダー・ジラードのことも思い浮かべた。ジラードも絵を描いたり彫刻を制作しているし、やがてインテリアデザインや工業デザインへと転じ、さらにテキスタイルデザイナーとなる。そして晩年は展示デザインの到達点として、自らのコレクションを寄贈したサンタフェの「ミュージアム・オブ・インターナショナル・フォークアート」に深く関わる。ジラードは86歳で亡くなる。生まれ年はムナーリと同じだ。

イームズ夫妻ととても仲がよかった猪熊弦一郎は、ジラードに会ったことがあるのだろうか。ふとそう思った。ジラードがサンタフェに住み始めたのは1953年で、猪熊がニューヨークに行く途中で、サンフランシスコからサンタフェまで車で移動したのは1955年である。起点がロサンゼルスだったらイームズ夫妻に会ったかもしれない。そうすればサンタフェに行く猪熊に、イームズが盟友であるジラードを紹介しないはずはなかった。もし猪熊が、ジラード自身がデザインした彼の自邸に行き、そのコレクションを見たらどう思っただろうか。そこから興味がどう発展しただろうか。いろいろと妄想が膨らんでいった。だから、その妄想も含めてギャラリートークをしようと考え、先に自分用のメモをミモカに送った。

ミモカに到着すると、学芸員の方が迎えに出てくれて館長室に案内された。そして出力しておいてくれたトークのメモと一緒に、驚くべき資料を見せてくれた。1955年、サンタフェに着いた日の猪熊の日記のコピーと、その時に撮影した写真のコピーだった。猪熊はジラードに会いたかったが、あいにくニューヨークに出かけていて、明日には戻ると聞いたが、自分は出発しなければならず、せめてもと思い、案内の青年にジラードの家の前まで連れていってもらい、塀越しに写真を撮ったと日記に書き残している。その写真には、ジラードの作品集で何度も見ているサンタフェの自邸のコートヤードの、アドービの壁にペイントされたあのカラフルなパターンが写っていた。愛妻である文子夫人が猫を抱いている写真もある。ジラードの飼い猫かもしれない。

BOOK MAP

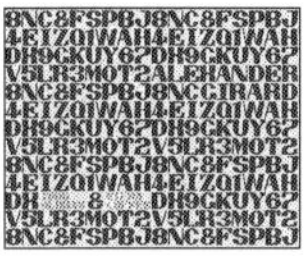

『ブルーノ・ムナーリ』（2018年／求龍堂）
『Alexander Girard』Todd Oldham & Kiera Coffee（2011年／Ammo Books）
『私の履歴書』猪熊弦一郎（2003年／丸亀市猪熊弦一郎現代美術館）

FOOD 1971

第二十八話　食べ物と現代アート

それまでゴードン・マッタ＝クラークについては、リアルサイズの空き家を真っ二つに切った作品で有名な現代アートの作家という、何かの脚注みたいな知識しか持ち合わせていなかった。そのマッタ＝クラークが、１９７１年にニューヨークのプリンス・ストリート１２７番地に『ＦＯＯＤ』という名前のレストランを開き、仲間のアーティストたちと運営していたということを知ったのは去年の10月。大阪の古書店『コロンボ・コーナーショップ』で買い物をした後にコーヒーをもらい、店の外にある椅子に座ってそれを飲んでいた時に、外からしか見えないウィンドウにゴードン・マッタ＝クラーク展の薄っぺらい本が飾られているのに気づいた。それはマッタ＝クラークと縁の深いニューヨークのギャラリーが企画した展示のカタログだった。やけに格好のいい表紙に使われていたのが、クレオール料理という古い看板が付いた建物を『ＦＯＯＤ』に改装作業中のマッタ＝クラークたちのモノクロ写真で、それで一気にこのプロジェクトに興味を持った。

だから6月から東京国立近代美術館で始まった『ゴードン・マッタ＝クラーク展』には初日

に駆けつけた。そして彼の作品群の面白さに圧倒されてしまい、すぐにまた観に行った。1回目の半券を持参すれば500円で入場できるというところも素晴らしかったが、本当に観れば観るほど新たな発見のある楽しい展示である。ただ、そもそものぼくの興味だった『FOOD』については、記録映像とオープン当時に雑誌に掲載された広告などが中心で、他の作品とは明らかにムードの違うセクションになっていたし、それを他と同じレベルで作品として見せようとしている感じがする点に、かなり違和感を抱いた。

初回の鑑賞の帰りにミュージアムショップでカタログを買った。それを読んでも違和感は消えなかったし、2度目の鑑賞でもその感想は変わらなかったから、他に資料はないかと再びミュージアムショップに寄ったら『TOO MUCH』という雑誌を見つけた。そこに高橋尚愛が当時の『FOOD』についてて語ったインタビュー記事が載っていたのだ。彼は自分が『FOOD』のゲストシェフとして腕をふるった時のエピソードなどを語っている。当時のこの店の存在がどのようなものかが窺い知れる面白い内容だった。

高橋尚愛という名前を聞いてすぐに誰なのかわかるのは、銀座メゾンエルメス・フォーラムで2016年に開催された『奥村雄樹による高橋尚愛』展を観ていたからだ。この展示の不思議さはいまだに心に残っているが、それについてはまた別の機会に譲ることにして、そこで知った高橋尚愛の話を続けると、彼は1962年にミラノでルーチョ・フォンタナのアシスタントを務め、1969年に渡米してからはニューヨークでロバート・ラウシェンバーグのアシスタントを長らく務めた現代美術作家である。

家に帰ってメゾンエルメスのカタログを探すと、珍しくすぐに出てきた。そこには高橋自身のプロジェクト「FROM MEMORY DRAW A MAP OF THE UNITED STATES」という作品も掲載されていて（もちろん会場でもその作品を観た）、その制作年が1971年から72年にかけてとなっている。しかも、彼が22人の身近なアーティストに記憶だけでアメリカの地図を描いてもらうというそのプロジェクトには、ジャスパー・ジョーンズやサイ・トゥオンブリーらと並んで、ゴードン・マッタ＝クラークが含まれていたのだ。

BOOK MAP

『**FOOD**』（2001年／VERLAG DE BUCHHANDLUNG WALTER）
『**TOO MUCH issue 8**』（2018年／Editions OK FRED）
『**奥村雄樹による高橋尚愛展**』（2016年／Fondation d'entreprise Hermés）　※無料配布物

GEORGIA ON MY MIND

第二十九話　**グルジアぐるぐる**

ひと月ほど前に那須にある「N's YARD」という、奈良美智さんの個人美術館に行った。現役の作家自身が作品を選びインストールしているので、記念美術館的な雰囲気とは無縁の、中規模の個展を観ているような感じがあった。ひととおり展示を観終えて美術館内のカフェでコーヒーを飲む。カフェにも奈良さんの絵が1枚だけ展示されていたのだが、それがグルジアの画家、ニコ・ピロスマニ（ニコロス・ピロスマナシュヴィリ）の描いた『タマル女王』という絵に似ていたので驚いた。そのさらに2週間ほど前、日田の小さな映画館でたまたまピロスマニの生涯を描いた映画の予告編を見て、東京に戻って画集と映画のDVDを買ったばかりだったから、奈良さんの絵がピロスマニの描いた絵と関連があるのだろうとすぐにわかったのだ。聞くと、今年の秋にウィーンで開催されるピロスマニの回顧展のために、美術館から依頼されて描いた、しかも仕上がったばかりの新作だということがわかった。何かを知ろうとすると、いろいろ偶然につながっていく瞬間があって、それはぼくがあまりにもたくさんのことを知らなすぎるから起きているだけなのに違いないけれど、とにかくその瞬間に気持ちが昂ぶり、そこに傾倒していくことになる。

　ピロスマニの映画はギオルギ・シェンゲラヤというグルジア人映画監督の、１９６９年に製作された作品だった。日本では１９７８年に神田神保町の岩波ホールでロシア語吹き替え版が公開され、２０１５年にオリジナルのグルジア語版がリバイバル公開されたのだそうだ。ピロスマニが生きた時代は19世紀の後半から20世紀の初頭にかけてだ。１９６９年に撮影されたこの映画に映る風景はセットなのだろうか、それともピロスマニの死から半世紀が過ぎても、グルジアの風景はほとんど変わっていなかったのだろうか。色調や左右対称を意識した画面構成など、映画自体がピロスマニの絵のように見える美しい映画だ。ちょっとウェス・アンダーソンを思わせるが、それだと誤解を招くだろうから、ユーモアの要素はないと付け加えておく。

　グルジアというのはロシア語由来の古い呼び名で、帝政ロシアやソビエト連邦そしてロシアに翻弄され続けた歴史を考えれば、２０１４年に正式に国名をジョージアと呼ぶべしという要請をしたことも当然だと思うけれど、ぼくはいまだに「グルジア」と言ってしまう。そちらのほうが馴染みがあるし、ジョージアといわれるとアメリカ南部の州をまず思い浮かべるからだ。ワインバーで「ジョージアのワインです」と言われても、ピンとこない。でも、やはりジョージアというべきなのだ。とすると、ぼくがかつて高橋ヨーコさんの写真集に付けたタイトル『グルジアぐるぐる』も、本来なら改題すべきだ。ただ、この本はもう絶版になってしまっていて、再版の目処が立たないいまは、そのままにしている。
『グルジアぐるぐる』は、雑誌『リラックス』に載った「ぐるぐるグルジア」が初出だ。そこには10枚の写真だけでなく、写真集にはない本人のテキストが付いていた。グルジアで出会った誰かとの会話だと想像するが、高橋さんは「8年前からズット来たかったんだよ。10年いや15年前に来てくれていたら。ここは、モットモット美シカッタノニ」と書いている。雑誌が出た２００４年から逆算すると１９８５年くらいまでということか。革命、政変、内戦、国家紛争にもみくちゃにされる以前のグルジアには、どんな風景が広がっていたのだろうか。

BOOK MAP

『ニコ・ピロスマニ 1862-1918』（2008年／文遊社）
『放浪の画家　ピロスマニ』ギオルギ・シェンゲラヤ（2017年／アイ・ヴィー・シー）
『グルジアぐるぐる』高橋ヨーコ（2005年／POINT inc）

LIGHT YEARS

第三十話　**光と時間**

今年5月に京都の細見美術館で『永遠の少年、ラルティーグ』展を観るまで、ぼくは彼の写真に対して少なからぬ偏見を抱いていた。カメラ自体が珍しかった時代にそれを買い与えられ（1902年、ラルティーグはまだ8歳だった年）、それを遊び道具にできる上流階級のお坊っちゃまが撮った写真。そこから感じる古き良き時代へのノスタルジーと、作品そのものへの真の評価は別だろうと、いっぱしの批評家気どりで無視を決め込んでいたのである。

でも、ぼくが細見美術館で観たものは上流階級のお遊びではなかった。いまこの瞬間の興奮と幸福を永遠のものにしたいという、ラルティーグの無邪気さが観る者を自然に笑顔にしてしまうような写真。涙が出そうになるほどに素直だった。ぼくのねじ曲がった心根を見透かされたような気がする。さらに、一連の写真の中にリチャード・アヴェドンを捉えたスナップがあって驚いた。その日まで、ラルティーグの最初の写真集『Diary of a Century』を編集したのがアヴェドンだったことを知らなかったのだ。

同時に展示されていたラルティーグの日記帳も素晴らしかった。自分が感じたことよりも、時間ごとに何をしていたかを克明に記録する。日記はだいたいその日の天気から始まる。書いている時点では本人にしか意味のないことであるはずの記録が、一世紀近く経ったある日、見ず知らずのぼくを感動させる。自分自身の目でよく見てもいないものを、他者からの情報をつなぎ合わせて理解したような気になることの愚かさは、こういう体験をするまで気づけないものなのだろうか。

ほんの数ヶ月前に友人とコーヒーを飲んでいる時に、彼が「この人の撮る写真がすごくいいんですよ」とインスタグラムのアカウントを教えてくれた。名前は石田真澄。彼女のインスタグラムを遡ったり、ときどきポストされるお知らせなどから、高校を卒業してまだそれほど時間が経っておらず、しかもすでに写真集を出版していることを知って、『light years』というタイトルのそれをすぐに手に入れた。中高一貫の女子校に通っていた頃に撮りためた写真をまとめたものだった。卒業によっていまのこの生活に終わりがくることを意識して、目の前で起こっていることを少し離れたところから観察し、彼女しか知り得ないタイミングでシャッターを切って記録した数々の写真は、その時間を共有しようにも決してできない自分を、とても切ない気持ちにさせる。その切なさは写真そのものから発しているというよりは、その写真が引き金となり、自分の中にもともとある感情が揺さぶられることによって湧き上がるのだろう。そこに「刹那」みたいな言葉からは遠いところにある写真集だと思うのは、そういう理由だ。そこに写っているのは「永遠」である。

　インスタグラムを始めてから、ぼくは写真について以前とは比べものにならないほど考えるようになった。インスタグラムは写真なのだろうか。その疑問を写真家に投げかける公開インタビューを、2年前から途切れ途切れにやっている。だから石田さんにもお願いをして、先日、ご本人と話すことができた。

　石田さんと控え室で出番を待つ間、ぼくは会話が途切れた時のために用意しておいた、ラルティーグ展の会場で買った写真集を見せた。彼女はラルティーグを知らず、はじめて観る彼の写真に「かわいい！」と何度も口に出し、カタログのタイトルを控えた。その素直さはキラキラと輝いていてとても眩しく、そして羨ましかった。

BOOK MAP

← 

← 

← 

『Diary of a Century』Jacques Henri Lartigue（1970年／Viking Press）
『light years』石田真澄（2018年／TISSUE Inc.）
『ジャック＝アンリ・ラルティーグ　幸せの瞬間をつかまえて』（2016年／コンタクト）

LOST RESTAURANT

第三十一話　行けない店

数ヶ月前のこと。築地場内の『愛養』でコーヒーを飲んでいたら、市場で働いている常連さんらしき数人と、カウンターの内側に立つ「ケンちゃん」と呼ばれている従業員の男性とが、楽しそうに与太話を始めた。「ケンちゃん、最近は運動してる?」「家の近所の土手を歩くぐらいだけどさ、この年でふらふら散歩してると徘徊老人っていわれちゃうからさ、おちおち歩いてもいられないね」。「ケンちゃん、メロン食うか?」「何? 誰かにもらったの?」「バカヤロー、オレみたいな男に何かくれる人間なんかいるわけねぇだろ。買ったんだよ。金出して買ったの。ありがたく食えよ」みたいなやりとりがリズムよく延々と続き、みんな楽しそうだった。

もっと聞いていたかったが、ぼくのコーヒーカップはとうに空になっていて、その後に出てきたお茶も飲み干してしまったから、しぶしぶ会計をしてもらう。隣に座っていた常連さんのひとりが「朝から騒がしくしてごめんよ」と声をかけてくれた。「いえいえ、あまりに面白い話だったから聞き入ってしまいました」と答えたら、掌をこちらに差し出しながら「じゃあ千円」と唐突に言う。きょとんとしていると、「落語だって面白かったら金払うのが当たり前だろ」と笑いを堪えた真面目な顔で言う。その冗談に対してうまい返しがすぐに思いつかなかったことが、すごく悔やまれる。ぼくにとってはあの日のコーヒーが、『愛養』での最後の1杯になってしまった。もう一度くらい行きたかったけれど、自分のような部外者は市場の移転前の混雑に加わるのを諦めて、あの楽しそうに軽口をたたき合う常連さんたちのために席を空けておくべきなのではないかと考えた。いつが最終営業日だとわかっていれば、誰だってお別れやお礼をいいたくなるのは当然だ。でもそれが競争のようになって混雑が引き起こされたりするくらいなら、知らないうちに閉店していたというほうが、もしかしたらいろいろな意味で気が楽かもしれない。

ニューヨーク在住の松尾由貴さんの新著は、閉店してしまったレストランのガイドブックである。閉店してしまったことを前提としたレクイエムではなく、おそらくその店が街に必要な存在として生き生きと輝いていた時に書かれたテキストを集めたものだと想像する。タイトルと序文がなければ、東京在住のぼくは、これらすべてがすでに「行けない店」になっているのだとは気づかない。そういう静かな編集スタイルに、彼女の深い悲しみと強い憤りを感じる。

ニューヨークの個人経営の店がどんどん減っている原因は家賃の高騰だという、彼女の書いた序文を読んで、東京も同じ状況だと、ぼくはため息をつく。個人経営の飲食店の行く末に不安しか感じられなくなる。これから先、自分のまわりには、そこそこ個性的な雰囲気をまとってはいても、結局は経済的な効率を優先させる大規模な店しかなくなってしまうのだろうか。長く続く店というのは夢のまた夢になってしまうのだろうか。食そのものは大きなトレンドとなって、普段はそういうテーマを扱わない雑誌ですら特集を組んでいる。ほら、例えば『スペクテイター』だって食をテーマにしているじゃないかと手に取った「新しい食堂」という特集。これが予想したような内容ではなく、とても素晴らしかった。ここで語っている人たちの言葉は示唆に富んでいるし、何よりも未来を信頼しようという気持ちになる。

BOOK MAP

← 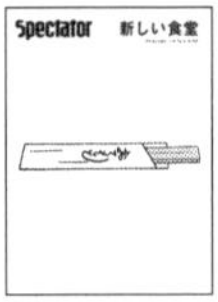

← 

『New York Lost Restaurant Guide』 松尾由貴（2018年／ALL-YOU-CAN-EAT PRESS）
『スペクテイター』42号「新しい食堂」（2018年／エディトリアル・デパートメント）

40K YEARS AFTER

第三十二話　4万年後のこと

『サンデー・プロミス』という音楽イベントを場所を変えながら細々と続けている。自分がどういうタイミングでそれに出会ったかという長い話をした後に、曲をかけるという内容だ。音楽を徹底的に個人史に引き寄せて解説することが、来てくれた人にとって迷惑になってはいないだろうかと、ときどき心配になる。前回は『誠光社』店主の堀部篤史くんが主催者となってくれて、京都で開催した。京都は2回目だった。いつもは自分でテーマを考えるのだけれど、京都だと堀部くんがテーマを投げてくれる。今回は「モンド・ミュージック再考」。ちなみに前回は「カフェ・ミュージック再考」だった。どちらも小柳帝さんを招いて対話形式で話し、二人で交互に音楽をかけた。堀部くんからテーマをもらうと個人史の部分は薄くなり、その音楽そのものをどう聴いたかという部分に重点を移さざるを得ないのだが、そこが面白い。

イベント終了の数日後に、堀部くんの新しい著書『90年代のこと　僕の修業時代』を読んだ。いちばん意外だったのは、音楽に関して自分に決定的に影響力を持ったのはヒップホップだと断言していることだった。もちろん彼の音楽趣味がヒップホップ一色に染まっているのではないことは、この一行の前後、あるいは本全体、あるいは彼の店を見ればすぐわかるし、もしそうであれば、ぼくも意外だと思いはしない。ヒップホップに出会った衝撃と解放感、そこから何を引き出したかという点に、ぼくは世代の違いを感じるのだが、別の章に出てくる彼の先輩のように、歴史や文脈を無視したつくり方や聴き方に腹を立てる側に自分がまわらなかったのは、おそらく90年代から00年代前半までフリーペーパーや雑誌を編集する立場だったからだと思う。編集をする時には、膨大な量の（言葉は悪いが）素材が必要だ。でも、そのすべてに習熟する時間や能力はない。だからわからないまま、なんとなく面白そうという理由だけで前に進む。その意味を知るのは半年後かもしれないし5年後かもしれない。もしかしたら一生わからないままかもしれない。ぼくの脳内の「わからない」というファイルの放り込んだいろいろは、真の意味をいつか理解する日までずっと待機中なのだ。

モンド・ミュージックとはどういう音楽なのか。小柳帝さんは『mondo music』の著者のひとりだったから、イベントはあらためてモンド・ミュージックを定義することから始めた。何しろ「再考」がテーマなのである。実はぼくもこの本の続編に寄稿者のひとりとして名を連ねているが、その頃は定義なんて考えようともせず、なんだか面白そうな依頼だからと思いレコードを選んで文章を書いただけだった。考えることは後回しにして、結局、そのままいまに至った。

堀部くんからテーマをもらってから、小柳さんと当日まであれこれ考える日々はとても楽しかった。そしてその過程で『THE VOYAGER GOLDEN RECORD』のことを知った。１９７７年に打ち上げられた宇宙探査機ボイジャーに積まれている、地球という惑星の存在を太陽系外の知的生命体に伝えるために、写真や挨拶や音楽を記録したレコード盤。ボイジャーが太陽系外のいちばん近い恒星に到達するには、あと４万年ほどかかるという。ぼくはそのレコードに収められた世界各地の音楽の中からブラインド・ウィリー・ジョンソンをかけた。４万年後に宇宙のどこかで、この音楽が誰にどのように聴かれるのかを想像してもらうために。

BOOK MAP

← 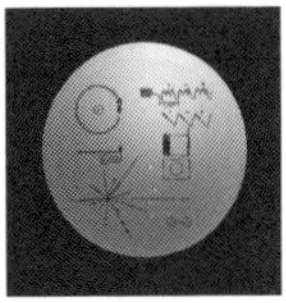 ← 

← 

『90年代のこと　僕の修業時代』堀部篤史（2018年／夏葉社）
『mondo music』ガジェット4（1995年／リブロポート）
『THE VOYAGER GOLDEN RECORD』（2018年／Ozma Records）

EMPTINESS

第三十三話　空虚なセンター

先日、友人とつくばに行った。彼は大学時代をつくばで過ごし、そのままつくばに居ついた男で、ことあるごとにつくばに来てほしいと誘ってくれていた。ところがそれが叶う前に、彼は故郷の鹿児島に帰ってしまった。久しぶりに鹿児島で会った際、つくばを案内してもらえなくなり残念だったと言ったら、「今度の休みにつくばに一緒に行きましょう」と思わぬ返事が彼の口から飛び出した。

浅草からつくばエクスプレスを使うと1時間もかからない。その近さにまず驚く。友人がつくばで連れていってくれた店や、紹介してくれた人たちは本当に素敵で、心の底から楽しむことができたのだが、ぼくにはそこへ行くもうひとつ別の目的があった。磯崎新が設計した「つくばセンタービル」を観てみたかったのだ。その目的も叶えることはできた。そればかりでなく、他にも大高正人、谷口吉生、菊竹清訓、槇文彦など、名だたる建築家が設計した建物が点在するすごい街だった。

ただ街の真ん中を南北に貫くペデストリアンデッキを歩いていて、人の気配の希薄さがとても気になった。大学が文化祭明けの振替休校日だったこともあるかもしれないが、何か違和感を憶える。大学構内に学生が集まれるような広場がないことも不思議だ。センター地区と呼ばれるエリアは、さらに寂しい雰囲気だ。センタービルの飲食店街は、半年ほど前にすべての店舗が撤退したらしい。磯崎新の建築も、まるで最初から廃墟として設計したのではないかと勘ぐってしまうほど、センター地区の空虚なムードを増幅させているように思った。だから逆に、はじめて訪れたつくばという街のこのどことも似ていない様相や、成り立ちなどについて、俄然、興味が湧いてくる。東京に戻ると、知人が「磯崎新はつくばセンタービルを設計中に、その廃墟となった姿を発表している」と教えてくれた。

つくばセンタービルは筑波大学と研究施設の移転が終わっても、人口が定着しないことを問題視した「都市再生機構」がプロポーザル方式で建築家を選定し、磯崎新アトリエに依頼されたものだという。『つくば建築フォトファイル』に掲載されている対談で、大高正人が磯崎新のセンタービルについて「建築を見せていてまちに参加していない、という感じです」と発言している。この本は2005年12月に発行されているから、対談は2005年か2004年に行われたものだろう。2018年にはじめてつくばセンタービルの前に立ったぼくは、ペデストリアンデッキの外で、興味深い活動をしている元気な人たちを紹介してもらった直後だったからかもしれないが、まったく同じ感想を持った。街の活力はストリートから生まれるのではないか。もちろん街路はあるのだけれど、ここでいいたいストリートとは、計画的に引いた道路のことではない。
　ますます、当時、磯崎新が何を思って廃墟図を描いたり、古典的な建築様式のパッチワークみたいなセンタービルを設計したのかを知りたくなってしまい、何冊か本を買ってみたのだが、ぼくには難解すぎてまだ読み解くことができていない。「一元的な権力のもと設計された町・建築は崩壊の一途を辿る」という磯崎新の発言の意味は何なのだろうか。つくばの「センター」と呼ばれるエリアを歩いても、喧騒や雑踏は見当たらない。まるでタイムマシンで別の時代に辿り着いた、SF映画の主人公の気分だ。そこが過去なのか未来なのかもわからない。もっと本を読み込まなければいけないと思う。そしてつくばに通い続けるつもりだ。

BOOK MAP

←

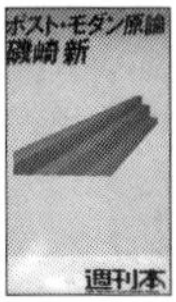

←

←

『つくば建築フォトファイル』NPO法人つくば建築研究会
（2005年／NPO法人つくば建築研究会）
『磯崎新のディテール　つくばセンタービルの詳細』磯崎新アトリエ（1986年／彰国社）
『ポスト・モダン原論』磯崎 新（1985年／朝日出版社）

OL'2020

第三十四話

2020年の記憶

仕事場のデスクでパソコンのモニターをずうっと見つめていると、だんだん眼の焦点が合わなくなる。だからときどき顔を上げて遠くを眺めるのだが、その視線の先に建設中の新国立競技場が見えている。取り壊される前の国立競技場が、同じようにぼくのデスクから見えていたかどうかの記憶はない。ちなみにウィキペディアには、旧競技場のいちばん高さのあったバックスタンドが27・76メートルと書いてあった。やはり仕事場からは見えていなかったのだろうと思う。

隈研吾が設計した、建築中の新しい競技場の高さは49メートルだそうだ。いま見えている外観はほぼ完成時の形になってきているから、これから先ずっと、ぼくは眼の疲れを癒やすために、新国立競技場をときどき見ながら仕事をすることになる。ザハ・ハディドのプランだったら75メートルの高さだったらしい。それはきっと相当に威圧的なものだったろう。ただ、それが好きか嫌いかは別にして、ザハ案が白紙撤回に至る経緯や現在の代替案に決まるまでの経緯は、とても日本らしい出来事だったと思う。そして「世論」が伝言ゲームのように真実から逸れていきながら、ものすごいスピードでザハ批判の大合唱となった過程も、SNS時代ならではのイヤな感じだった。

「新国立競技場 国際デザイン・コンクール」のファイナリストだった田根剛（正確にはDGT.＝ドレル・ゴットメ・田根／アーキテクツ）の「古墳案」が採用されていれば、ぼくの眼は、神宮外苑にできた新しい人口の山と、そこで成長する木々の葉や草の緑で眼精疲労が取れたかもしれない。とはいえ2012年10月末に発表された11の第一次審査通過案について、まるで興味を持たないまま過ごしていたし、もちろん田根剛の名前も知らなかった。後出しジャンケンのように、いまになってこんなことをいうのは、昨年2箇所で同時開催された彼の個展『未来の記憶』が、あまりにも素晴らしかったからである。

建物が建つ場所の記憶を掘り下げて、そこから現在、そして未来へと飛躍させるという田根の方法論を、具体的な展示によって紐解いていく。建築模型とパネルによる解説が中心になりがちな建築展とは一線を画すユニークな展示設計も田根自身だった。自作を他人に理解してもらうために必要なプレゼンテーション能力に長けている。作品よりもまずそこに驚いた。彼が手がけてきたこと、手がけていること、これから実現に向けて動いていくこと、そのどれもが魅力的だったし、新国立競技場の古墳案も素晴らしかった。

もっとも印象的だったのはエストニア国立博物館だ。ソビエト連邦やナチス・ドイツに支配され続けたエストニアは１９９１年に独立しＥＵにも加盟した。そのエストニアの文化と誇りを象徴する新しい博物館の設計は、２００６年の国際コンペによって「ＤＧＴ.」に決まる。この時、田根はまだ26歳、実務経験も2年ほどしかなかった。この時から場所の記憶を掘り起こすという手法を使っていた彼らは、占領時代のソ連軍の基地跡、負の記憶がなまなましく残る廃墟を敷地にし、かつての滑走路の延長線上に徐々に傾斜を上げていく、未来に羽ばたくことを象徴するような建物を設計した。おそらく相当な批判があったろうと想像するが、彼らはやりきった。

国際コンペで集めた大胆なアイデアが実現できるかどうかは、それを依頼した側の判断にかかっている。エストニアと日本の、それぞれの選択は、これから先、どのような記憶になっていくのだろうか。

BOOK MAP

←

←

『田根 剛　建築作品集｜未来の記憶』田根 剛（2018年／TOTO出版）
『田根 剛　アーキオロジーからアーキテクチャーへ』聞き手・瀧口範子
（2018年／TOTO出版）

PAPA YOU'RE CRAZY

第三十五話　ぼくのお父さん

全集ではなく選集であることの面白さを『伊丹十三選集』第一巻で堪能した。第一巻のテーマは「日本人よ！」なのだが、もし違う巻が先に出版されていたら、手に取ることはなかったかもしれないと思うほど、自分にとってはタイムリーだったし、最初の章が「天皇」だったからこそ、これほど一気に読み進めたのだろう。選集は「天皇日常（猪熊兼繁先生講義録）」から始まる。読んだ記憶のないものだった。初出は『日本世間噺大系』とある。ぼくはこの本を発売時に買ったはずだ。ただし、伊丹十三の熱狂的な読者だったからというよりは、表紙を矢吹申彦が描いていたからというのが理由なのだが、それにしても何故、憶えていないのか不思議に思い、あらためて件の本を棚から取り出して目次を確かめる。「天皇日常」はいちばん最後に収められていた。読み始めたものの、途中で放り出してしまったために未読のままだったのだと想像する。とにかくこの「天皇日常」で、ぼくは久しぶりに伊丹十三の世界にグイッと引き込まれた。

この気分は、ＤＪが選んだ曲が素晴らしいので、ブースに走り寄ってジャケットを見せてもらったら、自分が持っているレコードだったと知った時に似ている（いまなら、Shazamをかざせば済んでしまう時代に、この例えはもう賞味期限切れだとは思うけれど）。どちらかといえば、当時はまるで興味を持てなかった内容がいまは面白いと感じられたということではなく、セレクトのテーマのつくり方や並べる順番によって、まるで違うツボを刺激されたというほうが正しい。ちなみに予約注文した第二巻もすでに家に届いているのだが、こちらはまだ本を開く気持ちになれていない。伊丹十三のエッセイが、読み返すタイミングによっては、ただ説教臭く感じるだけだったことが前にあったから、どこかでちょっと躊躇しているのだ。

たまたまなのか、雑誌『ケトル』の最新号が伊丹十三特集だった。内田樹の「伊丹十三をまだ読んでいない若者たちへ」というエッセイが掲載されている。「スパゲッティもアーティチョークもみんな彼から教わった」という副題から受ける、よくある伊丹賛歌ではなく、戦中派の少年だった伊丹十三のエッセイの底流に流れていたことと、いまの日本がまっとうな国ではなくなった理由とを重ね合わせた、短いけれど読み応えのある内容だった。

堀部篤史くんも「綴られた自画像　伊丹十三の本、雑誌、翻訳」という論考を寄せている。誰かが伊丹十三を論じる時に使いがちな「伯父さん」という比喩に、堀部くんも違和感を持っているのだということが窺い知れ、読んでいて嬉しくなった。ぼくは伊丹十三のエッセイに「伯父さん」性を感じ取れたことはない。見聞が広くてユーモアがあるということだけが伯父さんの特性ではないし、そのような部分が伊丹十三に多々あるのは理解しているが、それでも、彼から感じるのはむしろ「父性」である。何年か前に伊丹十三記念館に行った時にたまたま『父と子―伊丹十三が語る　父・伊丹万作の人と芸術―』という企画展をやっていて、会場にあったパネルに、伊丹万作の50回忌に十三が万作の孫たちに語った言葉が書かれていた。「フランスのラカンという人によれば、父の役割は何かというと〝父の父〟の言葉を子供に伝える〝中間〟であるということらしいのね。ボクは、その父の父の言葉をですね、子に伝える役割を持っているわけ」。伯父さんは中間ではなく一代かぎりの人だと、ぼくは思う。

BOOK MAP

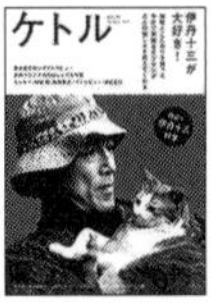

『伊丹十三選集　第一巻　日本人よ！』松家仁之、中村好文、池内万平 編
（2018年／岩波書店）

『日本世間嘛大系』伊丹十三（1976年／文藝春秋）

『ケトル VOL.47　伊丹十三が大好き！』（2019年／太田出版）

WABI-SABI

第三十六話　わびとさび

ロサンゼルスのグリーン・グローサー『クック・ブック』から、毎週月曜日に送られてくるメールを楽しみにしているという話は第二十二話に書いた。数週間前に届いたメールの冒頭に引用されていた詩は、こういうものだった。

「It is deep autumn ／ My neighbor ／ How does he live, I wonder.」Basho

松尾芭蕉の俳句らしいのだが、それが「秋深き 隣は何を する人ぞ」の英訳であると気づくのに、ちょっと時間がかかった。ちょうどいま読んでいる赤瀬川原平の『千利休 無言の前衛』に「日本では茶の湯でもそうだし、俳句でもそうだし、ほんのわずかなもので多くを語ろうとしたがる民族なのだ」という一文があった。さらに別の章では、日本人には自然の細部を愛でる感受性が備わっていて、それは日本人が森林の文化に生きているからだと書いてある。そして、砂漠ならば自己主張を強くしなければ生きていけないが、森林は境界をあいまいにすると続く。いわなくてもわかるだろうという合意があるからすべてを語らないのだろうし、その合意の最たるものとして「わび・さび」があるのだと、ぼくは推理する。言葉として知ってはいても、それが何であるかを説明できない。説明を迫られることもほぼないから、深く考えもしない。慌てふためくのは海外の知り合いに質問された時だけで、それを嘆かわしい状況だと後ろめたく感じる。おそらくぼく以外にもそう感じる人が多いから、ときどき雑誌が「わび・さび」や「茶の湯」を特集するのに違いない。

そもそも赤瀬川原平の本を読み始めたきっかけは、雑誌『スペクテイター』の「わび・さび」特集の中に推薦図書として掲載されていたからだ。そして普段ならその手の特集は、スルーしがちなのに、今回そうしなかったのはレナード・コーレン（雑誌中の表記はコレン）のインタビューが読みたかったという理由による。ぼくには、彼が70年代に発行した『ＷＥＴ』という雑誌の、わけのわからなさにかぶれていたという過去がある。ただ、彼が１９９４年に書いたわびさびに関する著書は未読だった。インタビューを読み終えてすぐ、翻訳版『Wabi-Sabi わびさびを読み解く』を買った。

最初の章で、たいていの日本人がわびさびとは何かと問われて口ごもるのは、一度も知的な言葉でわびさびについて学んだことがないからだと、コーレンは指摘する。日本人的な曖昧さを可能なかぎり排除し、時には辛辣な言葉も使い、コーレンの読み解きは続いていく。彼がこの本を書くきっかけは「当時広く宣伝された茶会を目にしたこと」だった。注釈からこの茶会は沼津御用邸記念公園で開催された『現代建築家茶室展』だとわかる。それを見て、コーレンは日本の美意識であるわびさびが絶滅に瀕しているか、すでに絶滅してしまったと感じたようだ。茶室展に参加した建築家は安藤忠雄、磯崎新、菊竹清訓、そしてプロデューサーは勅使河原宏。

　面白いのは、赤瀬川原平が千利休についての本を書くきっかけもまた、勅使河原宏によってもたらされたということである。ぼくにとっての赤瀬川原平の入り口は『超芸術トマソン』で、彼が前衛芸術家だったことは後で知った。前衛芸術家がトマソンという路上観察を経て千利休に至る道のりだけでも興味深いのだが、ある日、勅使河原宏の代理人から赤瀬川に「千利休の映画をつくるにあたって、その脚本を書いてほしい」と依頼があったという。その仕事を引き受けた赤瀬川による千利休研究の道のりが、ぼくにはコーレンのわびさびの解説以上に明快に響く。

BOOK MAP

←  ←  ← 

『千利休 無言の前衛』赤瀬川原平（1990年／岩波新書）

『スペクテイター』43号「わび・さび」（2019年／エディトリアル・デパートメント）

『Wabi-Sabi わびさびを読み解く』レナード・コーレン 著　内藤まゆみ 訳

（2014年／ビー・エヌ・エヌ新社）

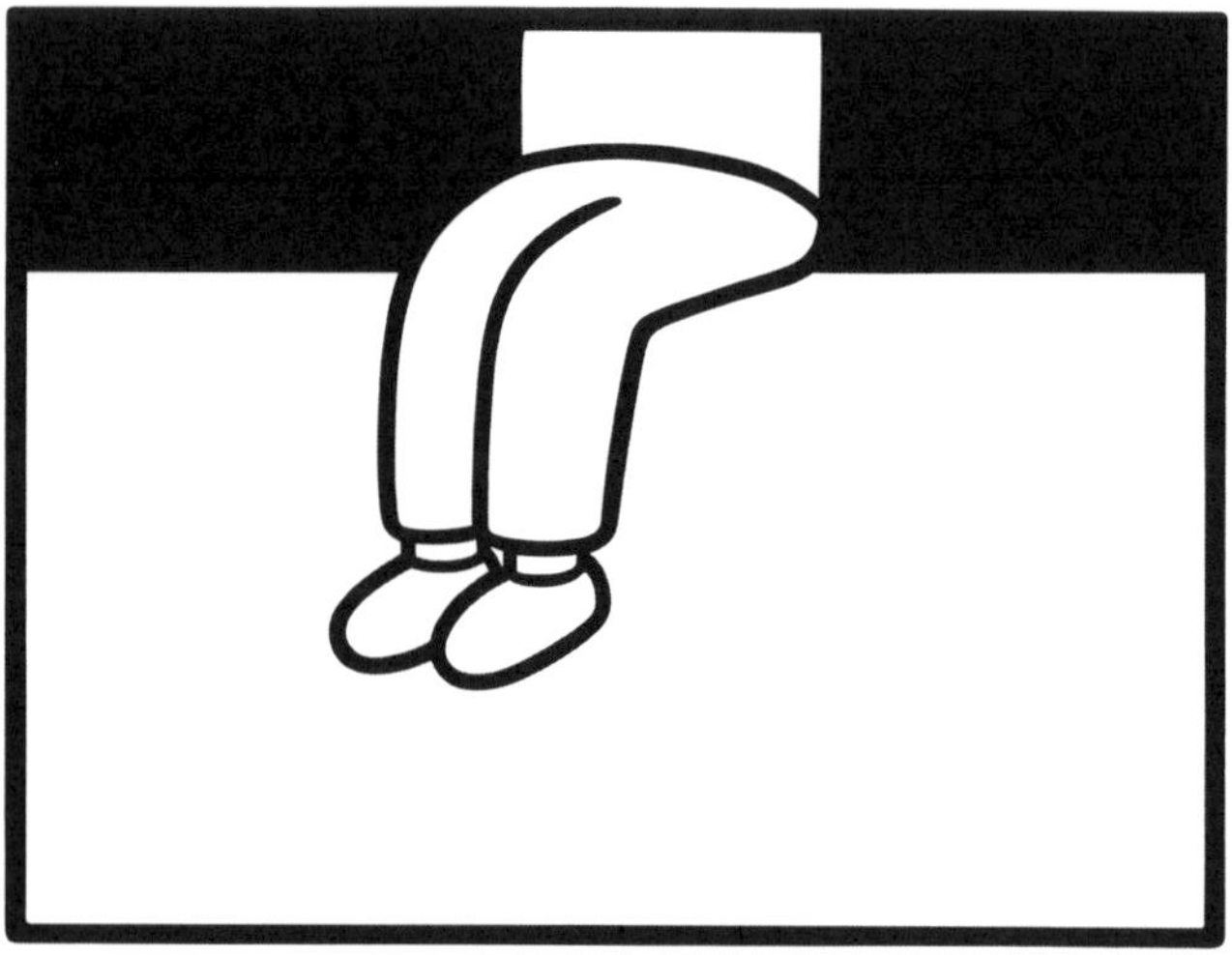

SIT ON THE FENCE

第三十七話　どっちつかず

タイトルに惹かれて安藤雅信の新刊を買った。「どっちつかず」という言葉に、きっと重要なことを語ろうとしているのだという期待が湧いたからだし、何より村上隆との対談が収録されていたからだ。

去年の暮れに熊本市現代美術館で村上隆の展覧会を観た。この展覧会は彼の作品展示ではなく、彼がキュレーターとなって日本の美術の流れを解析しようとするものだった。展示タイトルは『バブルラップ：「もの派」があって、その後のアートムーブメントはいきなり「スーパーフラット」になっちゃうのだが、その間、つまりバブルの頃って、まだネーミングされてなくて、其処を「バブルラップ」って呼称するといろいろしっくりくると思います。特に陶芸の世界も合体するとわかりやすいので、その辺を村上隆のコレクションを展示したりして考察します』。ギネス記録でも狙っているのかと思うほどに長い。そして最初の展示室に掲示されたステートメントもとても長かった。

村上が展示した彼のコレクションが、いわゆるアート作品だけではないことが興味深く、最後の展示室に『古道具坂田』の店舗を再現していることに驚き、あらためて最初の展示室に戻ってステートメントを写真に撮り（撮影可の展示だった）何度か読み返してみた。村上が整理した日本の美術シーンの流れは、「もの派」「バブル経済と西武セゾングループ」「スーパーフラット」「生活工芸」「古道具坂田の清貧の美」と書いてある。そしてそこで「生活工芸三羽烏」のひとりとして、赤木明登、内田鋼一と並んで名前を挙げられているのが安藤雅信だった。

村上と安藤の対談は、現代美術（もの派）と古道具坂田と生活工芸とスーパーフラットが、はたしてどう繋がるのかという内容だった。ことあるごとにカウンターカルチャーという言葉を発する安藤と、自分たちはカウンターカルチャーであり正義であるというロジックのために権威を捏造しているだけと切って返す村上の議論はなかなか噛み合わない。でも適当な落としどころを設けずに、徹底的に噛み合わないことこそが議論をする意味なのだと思うぼくは、とても面白く読めた（二人のトークが今年の2月に都内であったらしい。機会を逃してしまい残念だ）。

対談以外の読み物もとても興味深く、安藤が「どっちつかず」というディシプリンを得るまでの、思考や行動の変化にはとても説得力がある。中でも「個性」という言葉の呪縛をどのようにして解いていくかについて触れているところで、膝を打つような瞬間が何度かあった。あるいは「写し」の大切さについての章を読み、禅や茶道は「自己主張」をどのように捨て去るかという修行なのではないかと自然に思えてくる。そして「I」という存在が、それ以外のすべての「YOU」と戦う言語世界で生きるアメリカ人たちにとっては、「主張があるように思えない」という境地が、日本のもっともミステリアスなところと感じるのだろうと考えた。軽く読めるのに示唆に富んだ本だ。

ところで、村上隆と安藤雅信の二人が絶賛する「古道具坂田」の魅力が、ぼくはいまだにわからない。おそらく二人が観たであろう、松濤美術館で開催された展覧会『古道具、その行き先—坂田和實の40年—』はぼくも観ているし、カタログも購入している。でもその理由は撮影がホンマタカシ、デザインが有山達也だったからであり、展覧会に感動したからではなかった。

BOOK MAP

← 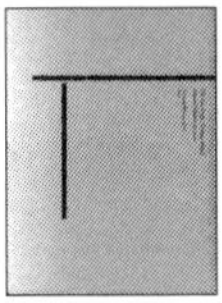 ← 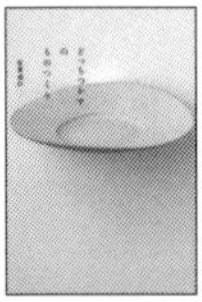

『どっちつかずのものつくり』安藤雅信（2018年／河出書房新社）

『古道具、その行き先—坂田和實の40年—』坂田和實 監修（2012年／渋谷区立松濤美術館）

MULTIPLE VISIONS

第三十八話　**視覚で交わす会話**

サンタフェに向けて出発する前日に、友人がスペインのユニークなインテリア雑誌『apartamento』の最新号を見せてくれたので、ぱらぱらとページをめくってみたら柚木沙弥郎のインタビューが掲載されていた。しかもインタビュアーがコーリー・ジラードなのだ。コーリーはアレキサンダー・ジラードの孫、ぼくがサンタフェに行く理由はアレキサンダー・ジラードの大きな回顧展を観るためであり、コーリーにも彼地で会う約束をしているし、その際に彼の父、つまりアレキサンダー・ジラードの息子であるマーシャルを紹介してもらうことにもなっている。慌ててそのページのコピーを取った。

コピーは出発当日に空港のラウンジで読んだ。コーリーが何者かを知った柚木は、自分はサンタフェに行ったことがあり、そこでジラードのフォークアート・コレクションを観たことが契機になって、自分の作品制作に対する考えが変わったと答えている。この話を、ぼくは数年前に参加した柚木の講演で、彼自身の口から聞いていた。これからサンタフェで観ようとしているのは、まさしく柚木が観たジラードのフォークアート・コレクションを含む展覧会である。

ジラード展はもともと2016年暮れにドイツにあるヴィトラ・デザイン・ミュージアムで開催されたものの巡回展だが、サンタフェにはもともとジラードのフォークアート・コレクションがあり、それ自体がジラード本人の展示デザインによる動かすことのできないインスタレーション作品でもあるのだから、他の土地で行われる巡回展とは意味が大きく違うだろうと考えていた。その期待にたがわず、回顧展は彼の重層的なイメージの連なりや、制作の底に流れる哲学などを、はじめて彼の世界に触れる鑑賞者にもわかりやすく、丁寧に解き明かしていて誰もが楽しんでいたし、見応えがあった。ぼくは個人的にコーリーやマーシャルから祖父／父の、家庭内でのエピソードを聞いたり家族への贈り物を見せてもらうなど、その人柄の一端に触れることができたので、ますますジラードが好きになった。

サンタフェの後はロサンゼルスでジェフ・マクフェトリッジと会う予定になっていた。その話をコーリーにしたら、ジェフが2019年の「AIGA（American Institute of Graphic Arts)」アワードを受賞したねという話題になる。ぼくはそこには気づいていなかったけれど、受賞者は3人、そのうちのひとりはアレキサンダー・ジラードだったのだそうだ。調べてみると、ジラードの受賞理由はたくさんの文化を横断しながら革新的で感動的なデザインを長年にわたって実践したこと、そしてジェフはグラフィック界の評価の外にあったストリートカルチャーとメインストリームのカルチャーを結びつけたことと書かれていた。

ジェフのスタジオでも当然ながらこの話題になる。アレキサンダー・ジラードとの同時受賞をとても喜んでいた。自分自身の活動領域はアートと商業デザインの境界線上にあるため説明するのが難しいけれど、ミルトン・グレイザーやソール・バスなどと同じで、ジラードがボーダーを意に介さず自由に行き来した結果として残した業績に、自分と重ね合わせられる部分を見出すことができるし、その存在を心強く思っているようだった。ジェフと会話しながら、ぼくはマルチプルな視点を持ったアーティストのリストに、猪熊弦一郎を加えてみたくなった。時代は「画家」という単一の肩書を求めたが、そこをはみ出した傑作を猪熊もたくさん残しているのだから。

BOOK MAP

← 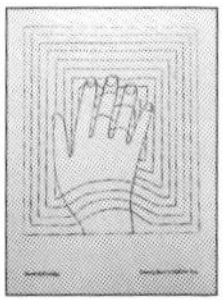 ←  ← 

『apartamento』23号（2019年／Apartamento Magazine）
『Alexander Girard | A Designer's Universe』（2016年／Vitra Design Museum）
『Coming Back is Half the Trip』Geoff McFetridge（2018年／Nieves）

IS THIS IT ?

第三十九話　**趣味の思想化**

ずっと気になっていた『アウト・オブ・民藝』を読み始めたら、扉の次のページに引用があった。山口昌男の『内田魯庵山脈』からの一節だ。80年代にあれだけ読みあさっていた文化人類学者のこの本を、ぼくはまったく知らない。しかしそこに引かれた言葉は、自分がいま個人的な興味から追いかけていることに意味を与えてくれるような内容だったから嬉しくなった。近頃のぼくは、ある時代の人物たちがどのようなつながりがあったのかばかりに関心を持っている気がするのだが、引用された山口昌男の文章は、ネットワークを知ることは、ある人物の記録に残されていない事実を、他の人物の側から浮かび上がらせることを可能にすると、その重要性を説く。

どうしてこけしは民藝ではないのか？　どうして無名の職人たちの手仕事を評価して1926年に「日本民藝美術館設立趣意書」を発表した柳宗悦は、創作版画の父と呼ばれる山本鼎が1919年に始めた農民美術運動を評価しなかったのか？　どうして桂離宮を絶賛したブルーノ・タウトが日本に唯一残した建築「旧日向別邸」には、桂離宮的なテイストが微塵もないのか？　このような疑問を出発点に、民藝とそこから外れるものや外されたものとの差異について、軸原ヨウスケと中村裕太が語り合ったトークイベントをまとめたこの本を読み進めると、この出発点の「どうして？」にぼく自身の疑問を重ねたり加えたくなっていく。どうしてチャールズ＆レイ・イームズの自邸の棚にはこけし（たしか鳴子のものだったと思う）があるのだろうか？　それを彼らに渡したのは誰なのか、もしくは彼らはそれを何処で手に入れたのだろうか？　彼らはこけしの何を評価して自邸の棚に飾ることにしたのだろうか？　柳宗悦と柳宗理は別個にイームズ邸を訪れたことがあるはずだが、彼らはその時いったい何を話したのだろうか？

他にもイームズ邸に関するたくさんの疑問が湧いてくる。それは、イームズ邸の魅力の半分以上は建物にあるのではなく、生活空間だったそこに置かれているもの、そしてそれを選んだ彼らの趣味とそのネットワークにあるのだと考えるようになっているからだろう。

先日、世田谷美術館で開催されていた小野二郎展『ある編集者のユートピア』を観た。小野二郎は晶文社の創立者のひとりだが、ぼくは晶文社の出版物に多大な影響を受けたくせに小野二郎のことをほとんど知らなかった。展示は三つのパートに分かれていて、目当てにしていた晶文社に関するパートよりも、それ以外の二つ、ウィリアム・モリスと高山建築学校についてのパートが素晴らしかった。展示室を出る時に振り返ると、壁に小野二郎の著作からの引用が書かれていた。その「私は『趣味の思想化』というようなことを考えているだけである」という言葉と同じような引用が、読み始めた『アウト・オブ・民藝』にもあった。その「ここで大切なのは思想の趣味化ではなく、趣味の思想化であるのだから」という最後の一節を読んでハッとした。長いこと「趣味の思想化」というフレーズが小野二郎によるものだということだけを知っていて、その響きの格好よさに痺れて、言葉だけが自分の中で一人歩きしていたのだけれど、ようやくそれが何について語ろうとして発したものなのか、『ウィリアム・モリス―ラディカル・デザインの思想』を読めば真の意味が、遅まきながら理解できるのかもしれない。

BOOK MAP

←

←
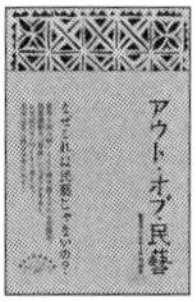

『アウト・オブ・民藝』軸原ヨウスケ、中村裕太（2019年／誠光社）
『ウィリアム・モリス―ラディカル・デザインの思想』小野二郎（1973年／中公文庫）

TEA CEREMONY

第四十話　オレオでお茶を

高松に行くと寄るようにしているバーがある。カウンターや壁にずらりと古本が並べてあるので、マスターと話すことといえば、どうしても本についてになる。前に行った時にマスターが推薦してくれた岸田秀の本を、ぼくはまだ見つけられていないのだが、先日、「よかったら読んでみてください」と岸田秀の別の本『「哀しみ」という感情』を貸してくれた。ぼくはこれまで岸田秀の本を読んだことがなく、伊丹十三と一緒に『モノンクル』という雑誌をやっていた精神分析の人という認識くらいしか持っていない。今朝、岡山の喫茶店でモーニングセットを食べながら読み始めたら、ずっと違和感を持っていたことに理由付けをしてくれるような記述があり、胸のつかえがすうっと消えた。

ぼくが違和感を持っていたのは、トム・サックスが新宿の東京オペラシティ アートギャラリーで行った個展『ティーセレモニー』のことだ。展示が変だという意味ではない。ぼくには十分すぎるほどに楽しかった。違和感は、この展示に関する感想を述べる時に、褒めるにしても「トム・サックスは外国人のわりに茶道をよく勉強している、理解している」というトーンを基調にしたものがいくつか見られたことにあった。

岸田秀は、日本人は「日本文化はユニークであって、外国人には理解が難しい」という幻想（あるいはプライド）を持っていると説いていた。そして日本人が日本文化をユニークだと思いたがるのは、鎖国したいから、つまり他の文化を異質なものとして拒絶したいからではないかと続ける。その日本人の幻想を強化するための、内と外に世界を分けるための道具としてわかりやすいのが「茶道」や「わび・さび」なのだろうか。トム・サックスについては、内側の世界に向けて、外の世界の人間なのにこれほど理解している芸術家が、われわれ内側の世界の人間がどれほど「茶道」を理解しているか試しているのだと捉える論調が多い。外からの力を内側の結束を固くするために使う。もちろんそう称える人物は「私は完璧に理解しているが」という含みを持ってこの発言を行うから、自分の立場の強化にもつながる。そこになんだか違和感を持ってしまったのだ。

当のトム・サックスは、何を思って日本で茶道をテーマに展示とパフォーマンスをするかについて、展覧会カタログに「なぜ日本でお茶を点てるのか？」という一文を寄せている。そこで彼は、茶道との長い関わりによって、自分のアイディアを拡張しつつ、その美点を自己流に歪曲させる権利を得た上で、自分のバージョンの茶道への探求に乗り出したのだと述べる。雑誌『美術手帖』のインタビューではもう少し具体的に語っている。茶道は「もの」がすべてだ、と。自分は彫刻家だから自分なりの茶道具をつくろうとした。そのきっかけは2012年の『SPACE PROGRAM: MARS』展であり、地球から宇宙に持っていけるものとして、宗教も建築もパフォーマンスも食物も、すべてがセレモニーの中に存在する茶道を思いついたそうだ。その他、「この展示はお高くとまった高級なもの」とか「茶道はエリートやプチブルジョワのためのアクティビティだ」とか、自分に向けられるだろう悪意までも見透かしたような発言もあり、今回の展示が茶道についてよく勉強した外国人が〝ユニーク〟な日本文化を茶化すとか試しているとか構えることなく、コンセプチュアル・アートとして楽しまれるべきものだったと、あらためて思った。

BOOK MAP

『「哀しみ」という感情』岸田 秀（2008年／新書館）
『ティーセレモニー』トム・サックス（2019年／東京オペラシティ アートギャラリー）
『美術手帖』2019年8月号（2019年／美術出版社）

あとがき

果てしのないレコードの話

今年5月にロサンゼルスへ行った。シルヴァーレイクのエアビーアンドビーを利用することにしたのは、車がないとどうにもできないロサンゼルスで、歩いて朝ごはんを食べに行ったり、コーヒーを飲みに出かけたり、デリカテッセンで夕食を買ったりするのが可能なエリアだろうと思ったからだ。いちばんのお気に入り『SQIRL』は、さすがに歩くには遠かったから、友人の車で行くのが毎朝の日課になった。ある朝、店内に流れている音楽がとてもいいので、友人に「誰の曲か知ってる？」と尋ねたら、彼女はわからないと答えた。ぼくが「ラモーンズのような気がする」と言うと、iPhoneをかざしてそれがラモーンズであることを確認してくれた。自分がその曲をラモーンズだとわかるようになっていることが、なんだかすごく嬉しかった。ぼくがラモーンズをはじめて聴いたのは、2018年の9月23日のことだ。

一昨年の9月に豊田市美術館で奈良美智展を観て以来、ぼくはずうっと奈良さんの音楽趣味について考えていた（第十八話にそのことを書いている）。ぼくよりも5歳ほど若い彼が、どうして自分が学生の頃に探していた、当時はとてもレアだったレコードをたくさん持っているのだろう。そこが大いなる謎だった。だからいろいろなところで、そのことついて話したり書いたりしていたのだが、去年の春、いきなり奈良さんご本人からインスタグラムにメッセージをいただいた。一度もお会いしたことのない人だから、最初は新手の詐欺かスパムかもしれないと警戒したほどに唐突な連絡だった。そしてあれよあれよという間に、北海道の白老町で開催される「TOBIU CAMP」に誘われて、奈良さんと一緒にレコードをかけながら音楽について話すことになったのである。ところがイベント開催の2日前に北海道胆振東部地震が発生し、イベントは中止になった。

それから数週間後のある日、岡山で友人と会う約束があり、指定された店に先に入って飲んでいたら、友人がのりたけくんを伴って現れた。のりたけくんと飲むなんておそらく初めてのことだ。そのうち酔いがまわって、ぼくは奈良さんとのイベントが中止になって落ち込んでいるのだと話すと、のりたけくんは「だったら今度は岡本さんが奈良さんを誘えばいいじゃないですか」と言った。その通りだと思った。ちょうど2週間後に盛岡でレコードをかけるイベントの準備をしていたので、思い切ってゲストとして来ていただけませんかと連絡してみたら、翌日になって「行きます」という返事があった。

盛岡へは「TOBIU CAMP」のために準備したレコードを持っていくことにした。その中にはラモーンズも入っている。自分はラモーンズを聴いたことがなかったが、雑誌などで読んで奈良さんといえばラモーンズだという思い込みがあり、お会いする前に聴いておかなくちゃと鹿児島で買ったレコードだ。ただし結局は一度も聴いていない。もしぼくがラモーンズを聴く日が来るのであれば、それが奈良さんがかけてくれたラモーンズだったら最高に幸せなシチュエーションだと、不遜にも考えていたのである。

盛岡のイベントで、ぼくは豊田市美術館の第一展示室にあったレコードジャケットに衝撃を受けた話をしながら、カレン・ドルトンやオハイオ・ノックスなどをかけ、奈良さんはメリー・ホプキンの「ストリート・オブ・ロンドン」やティム・ハーディンの「ブラック・シープ・ボーイ」などをかけた。ティム・ハーディンの曲を説明するのに、奈良さんはクラッシュのジョー・ストラマーの名前を出した。ぼくはパンクをほぼ聴いていないし、クラッシュは名前しか知らなかったから、すごく意外な内容で驚いた。

残り時間10分を切ったところで、ぼくは忍ばせておいたラモーンズを、おもむろにバッグから取り出して奈良さんに見せた。奈良さんは小声で「この流れでラモーンズはちょっとやめとこう」と言ったのだが、ぼくは引かなかった。奈良さんが大きく息を吐き「電撃バップ」をかける。「これをはじめて聴いたのは高校2年生。16歳だったかな。やっと自分の年齢にピッタリくる音楽に出会ったという感じだった。それまでは勉強とか研究をしているように音楽を聴いていた部分もあったけれど、ラモーンズは何も考えないで入っていける。そこらへんの畔道を走っているような少年でも聴けるような音楽だった。だから夢中になった」。

こうしてぼくは、ラモーンズがデビュー盤をリリースしてから40年以上経って、ようやくそれを聴くことができたのである。

本書は雑誌『&Premium』（マガジンハウス）に連載中の「18 MILES OF BOOKS 果てしのない本の話」２０１6年6月号から２０１9年10月号までの原稿をまとめたものである。単行本化にあたっては以下の方々にお世話になった。連載の担当を長いこと務めてくれている柴田隆寛くん。毎号、ぼくの文章を読んでから大急ぎでイラストレーションを仕上げてくれるのりたけくん。単行本にしようと英断してくれたオークラ出版の長嶋瑞木さん。いつものように淡々と、そしてスピーディーに装幀をしてくれた長年の相棒である小野英作くん。そして、急なお願いにもかかわらず、この本の表紙のために写真の使用を許可してくれた奈良美智さん。みなさん、どうもありがとうございました。

２０１9年 晩夏　**岡本 仁**

岡本仁（おかもと・ひとし）

編集者。1954年、北海道生まれ。マガジンハウスにて『ブルータス』『リラックス』などに携わったのち、〈ランドスケーププロダクツ〉の“カタチのないもの担当”に。主な著書に『果てしのない本の話』(本の雑誌社)、『ぼくの東京地図。』、『また旅。』（ともに京阪神エルマガジン社)、岡本敬子との共著『今日の買い物・新装版』（講談社）などがある。

初出

本文は雑誌『&Premium』（マガジンハウス）の連載「18 MILES OF BOOKS　果てしのない本の話」第一話から第四十話を収録したものです。https://andpremium.jp/

続々　果てしのない本の話

二〇一九年十月三日　初版発行

著者――岡本 仁

編集――柴田隆寛　長嶋瑞木

発行人――長嶋うつぎ

発行所――株式会社 オークラ出版
〒153-0051
東京都目黒区上目黒1-18-6 NMビル
電話 03-3792-2411（営業部）
03-3793-4939（編集部）
http://oakla.com/

印刷――中央精版印刷 株式会社

ISBN: 978-4-7755-2896-9　Printed in Japan

古本十八哩

堀部篤史

1

僕の友だち、伊丹十三

『伊丹十三選集　三』伊丹十三（2019年／岩波書店）

ある時期から、伊丹十三の書くものに対して息苦しさを感じるようになってしまった。ひさびさに顔を合わせる古い知人との噛み合わなさ。若い頃感銘を受けた本を再読した際にありがちなある種の失望。言い換えてみれば「気まずさ」に近い感覚かもしれない。かつては、スパゲティの調理法や、二日酔いに効く食事、ヴァイオリンの習得術に、イギリス仕込みのジョークまで、彼が教えてくれることをある種の羨望や驚きとともに読んでいたはずなのに、いつの間にかその語り口についてまわる「正しさ」や「こうあるべき」という気負いばかりが目についてうんざりしてしまう。甥っ子の自分には嬉々として趣味の話を披露していた伯父さんが、従兄弟を叱責している様を目の当たりにしてしまったようなバツの悪さ。

育児に直面した際には精神分析に傾倒、あたかも障害物を乗り越えるためのハシゴの様に使い、ドキュメンタリーを制作する際には、取材をしながら市井の人々の会話を分析する。あまりにもプラグマティックな生き様は、時として娯楽や無駄を寄せ付けない厳しさを伴う。自分は彼の著作を読むたび、役に立たない知識や、ものの面白がり方を、伯父に小遣いを貰うような感覚で身につけていたのではなかったか。

この選集の最後に、伊丹十三の息子である池内万作による解説が収録されている。そこで綴られるのは当然ながら父、池内義弘の姿だ。玄米食を貫いていたはずが、歯を悪くしたことから前言を撤回、白米に戻し、離婚の理由を子どもに問われ、適当な軽口でお茶を濁す。原稿のためにはエピソードを水増し、実生活の問題に直面してはそれなりに困惑し、立ち尽くすこともあった。僕はこの解説を通してはじめて「伯父さん」伊丹十三の姿を見た。いい加減で、気まぐれな「伯父さん」は、使命感を持って読者の前で「父」を演じていたのではないか。

次に伊丹エッセイを読む頃、僕は本の中に、伯父さんでも父でもない、親しい友人の姿を見るのかもしれない。

2

饒舌な父と寡黙な息子

『coffee coffee』ARAM SAROYAN（２０１０年／Primary Information）

伊丹十三は数冊の翻訳を手がけている。その中の一冊、ウィリアム・サローヤンの『パパ・ユーア クレイジー』は、翻訳行為そのものが当時最大の関心事であった父子関係の考察になっていて、いかにも彼らしい仕事だ。

同小説は、父と過ごしたひと夏の時間を、息子の視点から語る形式をとっている。「僕の父」や「僕の母の父」など人称を省略することなく、英語圏で生きる家族間の個の距離感を強調した独特の訳だ。仰ぎ見るような息子アラムの目線を通して、やや美化された自画像を描くような自意識を感じてしまうのは僕だけだろうか。なにしろ息子アラムは、後に父との不仲を綴った回想記まで出版しているのだ。この事実を知った後に読む同作が気詰まりでなくなんであろう。

饒舌な作風で国民的作家となった父に反抗するように、アラムはたった数語で構成されるミニマルポエムに没頭した。

"light"

という一語詩で脚光を浴びた彼に対し、冷水を浴びせるようにして罵倒したのが父ウィリアムだった。沈黙に近い一言は、抑圧的な父から逃れ、自分の道を歩み始める第一歩だったのではないか。光の射す方へ向かうような、まさに象徴的な一語である。

ところでアラム・サローヤンは自らの写真に言葉を添えた小さな写真集を刊行している。なんでもサローヤン家に出入りしていたリチャード・アヴェドンに師事したこともあるらしい。かつて勤めていた本屋で、この本を岡本さんに買ってもらったことがある。その後に、アラムの詩集"coffee coffee"を手にした僕は、岡本さんに送りつけてしまった。写真集と何らかの関連性を見出して面白がってくれるように思ったからだ。確かいまからちょうど10年ほど前。新しく可能性に満ちたSNSが日本に上陸し、皆が短い言葉で気の利いたことを発信するのに夢中になり始めた頃のことだ。

3

沈黙という言語

『青ひげ』カート・ヴォネガット　浅倉久志 訳（1997年／ハヤカワ文庫SF）

ウィリアム・サローヤンは息子アラムのみならず、同じ名を持つ叔父をはじめとする同胞たちの姿を作品中で描いた。同胞とはすなわち、悪名高きトルコ人による虐殺を逃れ、故郷を去り新大陸に移り住んだアルメニア人コミュニティのことだ。子どもたちとはうまく折り合いがつけられなかったが、辛苦を同じくした、広い意味での家族にはこだわり続けた。

アメリカで最も有名なアルメニア系作家がサローヤンだとすれば、最も有名なアルメニア系画家は間違いなくアーシル・ゴーキーだろう。同時代を生きた彼等は、直接の交流はなかったにせよ、ある種の拡大家族だったともいえる。

カート・ヴォネガットの『青ひげ』の主人公、ラボー・カラベキアンは、アルメニア移民の抽象画家、さらにはドレスデンで負傷した傷痍軍人という、ゴーキーとヴォネガット自身を足して二で割ったような人物として描かれている。ジャクソン・ポロックやマーク・ロスコら実在の抽象表現主義の画家たちが登場する、アート好きにはなかなか楽しい小説だ。共にドレスデン爆撃を経験した軍人たちを「拡大家族」として描いたヴォネガットは、ここでも画家たちをある種のファミリーとして捉えている。

「いかなるモラリスト画家たちに第二次大戦への適切な反応、死の収容所とヒロシマとその他すべてに対する適切な反応を求めたとしても、人物も人工物もなく、自然の恵みをほのめかすものさえない絵画以上にぴったりなものがあるだろうか?」(浅倉久志訳)

同書の豪華版あとがき(『死よりも悪い運命』収録)でヴォネガットはこのように綴っている。ヴォネガットにとって抽象画とは、ドレスデンを、アルメニア人虐殺を目前にした人々が語ることのできる、唯一といってよい適切な言葉、沈黙なのだ。それでも書かざるを得ない小説家の苦しみ。ラボーが描いた巨大な抽象画の絵の具が剥がれ落ち、その下に現れる圧倒的な具象画の描写を読んで、僕は涙した。

堀部篤史　古本十八哩

4

本を贈る父

『宇宙船とカヌー』ケネス・ブラウワー　芦沢高志 訳（1984年／JICC出版局）

僕の父は決して読書家と呼べるような人ではないが、父と書物にまつわる思い出がないわけではない。一番古い記憶は、物置にあった『冒険ダン吉』。おそらく父が少年時代に愛読していたのであろう同書を手にし、函入りの造本と素朴な印刷の色みを見て、はじめて書物を美しいと思ったこと。次に、実家が商売をやっていた頃、近所にまだ貸本屋があって、父はよくそこから手塚治虫の漫画を借りてきては休憩中に寝転がって読んでいた。それから、風邪を引いて学校を休んでいた僕にどこからか赤塚不二夫の漫画を買ってきては与えてくれたことも憶えている。

本屋を営んでいると、愛書家の両親のもとで育った思い出を期待されることもあるが、実際は休校時の『天才バカボン』を除いて、父から書物を与えられた記憶はほとんどない。

核爆発を原動力とした宇宙船の開発に取り組んだ理論物理学者の父と、ブリティッシユコロンビアの大自然の中を手作りのカヌーで移動し、文明からドロップ・アウトして暮らした息子。一見対照的に見える二人の姿を交互に描き、その交わる瞬間を間近に観察し描写した『宇宙船とカヌー』を読んで不思議に心に残った箇所がある。父フリーマン・ダイソンのことをあまり語りたがらない息子ジョージは、ある日強い酒を飲んで饒舌になり、父からカート・ヴォネガット・ジュニアの『スローターハウス５』を贈られたことがあると、独白を始める。イギリス空軍の物理学者として作戦に加担したフリーマンとしては、ドレスデン爆撃は忘れがたい惨事だったのだろう。それにしても優れた物理学者がこのように荒唐無稽な小説を愛読し、息子にまで贈った理由はもっと他にあるのではないか。

宇宙の果てにアウトローたちのためのフロンティアとしての居住スペースを夢想した父と、仲間たちと巨大カヌーで未踏の地を目指し、厳しい自然を移動しながら暮らすことを夢見た息子。目指す先は真逆に見えても、拡大家族を志向した点において、彼らは考えを同じくしていたのではないか。

5

先生を疑え

『フラーがぼくたちに話したこと』リチャード・J・ブレネマン 編　芹沢高志・高岸道子 訳（1990年／めるくまーる）

一見かけ離れているようなモノゴトや考え方がつながる瞬間が好きだ。ヒップホップと現代音楽、モダンアートと考古学、理論物理学とヒッピーマインド。書物や誰かの発言をきっかけに、ものの見え方が大きく変わり、それまで無関心だった事柄が自分にとって最大の関心事となる。そのような快感を求め、いままで僕は本や雑誌を読み漁ってきたのかもしれない。

バックミンスター・フラーは、建築や物理学などの多分野を横断し、それぞれの専門家にはなし得ない足跡を遺したジャンル横断型の天才だ。子どもたちとのセッションで語られたことをまとめた『フラーがぼくたちに話したこと』を読めばそのスケールの大きさがよく理解できる。

3人の小学生たちを前に、まずフラーは「三角形の内角の和はかならず180度になる」という、学校で学ぶ数学の常識を否定してみせる。赤道に沿って地球を半周する線を引き、北極点から垂直に二本線をおろせば、すべての角が90度の三角形が描かれる。海軍在籍経験が地球規模で考える数学へと展開し、自然界の最小単位に三角形を見出し、それは転じてデザイン性と強度、そして経済性を備えた建築物となる。子どもたちに向けられた易しい語りの中に、数学や物理、エコロジーや生物学の概念がシームレスに織り込まれている。

比較的安価で、専門家抜きで作れて、かつ最小限の素材で広大な敷地をカバーすることのできるジオデシック・ドームは１９６０年代末から70年代に掛け、美しい幾何学模様を描き、ヒッピー村のあちこちに姿を表した。ヒッピーたちのライフスタイルはいまや徒花となってしまったが、フラーが与えてくれた知恵は、資本の力を借りずに自立して生きるＤＩＹマインドとして受け継がれてゆく。

何かに夢中になりかけたところで、また別の何かに惹かれ、それを追いかけてしまう。センセイの言うことは疑ってかかり、仕組みが気にいらなければ自分で作る。

フラーに薫陶を受けた子どもたちが生み出した文化の傘の下にいまの自分がいる。

堀部篤史　古本十八哩

6

受け継がれるスタイル

『THE LAST WHOLE EARTH CATALOG』（1972年／POINT/ Penguin Books）

昨年末、アメリカの老舗百貨店、シアーズが経営破綻に追い込まれた。同社は19世紀末にアメリカで開業、百貨店運営に先立って分厚いカタログを発行し通信販売を行い、広大なアメリカ大陸を消費大国へと変えた。ライフルから住宅までありとあらゆるものを扱ったシアーズが、カタログ販売によりアメリカ全土にギターを普及させなければ、ブルースもロックンロールの誕生も史実よりずっと後になっていたかもしれない。それが、自らの子孫ともいえるインターネット通販の台頭によって廃業に追い込まれるとは皮肉な話だ。

シアーズが（間接的にせよ）産み落としたものは、amazonやロックンロールだけではない。商品図版と価格、紹介文など過密な情報が緻密にレイアウトされた美しい誌面はその後の雑誌にも大きな影響を与えた。

ジオデシック・ドームのキットから農作業マニュアルまで、消費文明からドロップ・アウトし、自立して生きるために必要な書物や道具を分野ごとに掲載したヒッピー世代のバイブル『ホール・アース・カタログ』の誌面は、皮肉にも全米を消費で潤したシアーズのカタログによく似ている。ありとあらゆる商品を入手することによる生活の充足と、商品に頼らず生活することによる精神の充足。それはまるで、反発しあう姿かたちのよく似た親子のようでもある。

シアーズが姿を消し、『ホール・アース・カタログ』が高額で売買されるいま、もはやその内容や精神性にはさほど関心がない。しかし、両者に共通する、図版とテキストの美しい組み合わせで成り立つ印刷物にはいまなお強烈に惹かれるものがある。どこから読み始めても、どこで読み終えても問題のない、雑多な情報が詰め込まれたメディア。

雑誌という出版物は、シアーズのように姿を消しつつあるのかもしれない。しかし、シアーズから『ホール・アース・カタログ』、さらには日本の雑誌へと脈々と受け継がれてきた「スタイル」は不滅だ。それは印刷物であれＳＮＳであれ、応用可能なスタイルだ。そのスタイルだけはこれからも各所で受け継がれてゆくだろう。

7

90年代の雑誌のこと

『ガロ』（1994年4月号／青林堂）

大学の授業をサボってマクドナルドの二階で『ガロ』を読みながら窓の下の交差点をぼんやりと眺めていたなんでもない日の夕方を不思議に覚えている。誌面では川崎ゆきおの描く『猟奇王』が浪漫の失われた90年代の街を嘆いていた。その気分が感染したのか、僕自身もいろいろなことに遅れて生まれてきてしまったものだと、憂鬱な気分が拭えなかった。

10代の後半になって初めて『ガロ』を手にとった頃には、『カムイ伝』も『ねじ式』も、ヘタウマブームもとっくに去った後で、レンタルCDショップには、ビートルズもパンクムーブメントも過去のものとして並列に並んでいた。ミニシアターではやたらと古いフランス映画やカルト作がリヴァイバルされていたが、そもそも古典を知らない自分には観てもなんのことだかさっぱりわからない。大体そういうときには雑誌を手にとって教えを請うたものだ。『クイック・ジャパン』、『スタジオ・ボイス』、そして『リラックス』。過去と現在の文化を並列に、同時代の言葉で紹介してくれる雑誌の数々は、憂鬱を拭い去ってくれる友だちのような存在だった。

先日手にとった南伸坊の『私のイラストレーション史　1960－1980』にこんなことが書いてあった。

「雑誌というのは不思議な影響力を持っていると思う。（中略）それは雑誌の主張、『話の特集』で言うなら「反権力、反権力」っていうようなスローガンとしてではなく、冗談の質とか、絵のセンス、レイアウトやデザインの身ぶり、みたいなものから感じ取ったなにかだった気がする」

身なりや仕草、語り口のような第一印象で近づき、付き合ううちに、共通の趣味だけでなく自分の知らない映画やアートの世界を教わり、口調やモノの面白がり方まで真似てしまうような親しい友だち。そういう存在に囲まれていた僕の90年代は、案外悪くなかったのかも知れない。

8

今日のこと

朝から断続的な豪雨。店番をまかせて本降りの最中バスで四条河原町まで出るともう雨はやんでいる。『イノダコーヒ四条支店』に着くと、入荷したばかりの『映画秘宝』を鞄から取り出し、貪るように読み始める。巻頭特集は「ワンス・アポン・ア・タイム・イン・ハリウッド」。どうやらタランティーノ監督が幼少期に体験したハリウッドの風景自体が主役となるような作品らしい。この監督もヤキが回ったのだろうか。思えば今年、クリント・イーストウッドも、ロバート・レッドフォードも自身のキャリアを振り返るような作品を公開している。昨日よりも今日、リスクを省みず仕事に没頭した男たちの老境。自分はそのいずれにも深く心を打たれた。そんなことを考えていたら、インスタグラムにメッセージが。指定したここではない、大丸フロア内のイノダにいるとのこと。あわてて勘定を済ませて移動すると、岡本さんが上座を空けて待っていてくれた。

不遜にも僕は今日ここに座るまで、何の話をするのかさえろくに考えもしていなかった。お互いの原稿を読んだ上での打ち合わせ、ということは聞いていたし、その内容からぼんやりと「伯父さん」をめぐる対話になるのだろうとも思っていた。父ほどは年の離れていない、目の前にいるこの人は自分にとって「伯父さん」なのだろうか。確かに編集という間接話法自体が伯父的ではある。しかし、媒体は異なるものの同じく編集行為を仕事にする自分にとってはある意味先輩であるともいえるだろう。僕は彼のフォロワーになってはいけない、かつてはそんな気負いもあった。しかし、目の前で淡々と現在の自身のことを「直接」僕に話してくれる岡本さんを、どこかイーストウッドやレッドフォードに重ねてしまう自分がいた。相槌を打ちながら「もっとそういうことを書いてください」なんて無責任に言い放ち、鹿児島へ戻る岡本さんを見送った。

その後、妻と待ち合わせて郊外の市民プールへと足を運ぶ。最近は定期的に泳いで体力づくりを心がけている。まだまだ自分は老境にはほど遠い。しかし夏休みの市民プールは日焼けした逞しい子どもたちでいっぱい、自分のペースで泳ぐ隙間もない。途方に暮れてベンチに腰掛け、背を丸めてじっと彼等が泳ぐ姿を見つめていた。

る未来は明るいというのは、その経験をしていないぼくの想像でしかないが、少なくとも親の介護に直面した年齢で見る自らの未来ほどダークではないはずだというようなことを、自分が平気で若い友人に対して口にしていることに面食らってしまう。植草甚一について、小西康陽について、京都の面倒臭い先輩がたについて。あっという間に2時間が過ぎていた。一緒にプールに行くのでここで奥さんを待ちますという堀部くんを残し、ぼくは会計を済ませて外に出た。

京都に来る新幹線の中で思いついたカレー屋に寄ろうと、地下鉄で烏丸御池駅まで。目当ての店は定休日ではないことを確認しておいたのに、夏季臨時休業だった。そのまま市役所のほうへ歩き、中華料理店に入って芥子そばと焼売を食べ、タクシーを拾って京都駅へ。鹿児島中央駅に到着するのは夜の7時になりそうだ。熊本駅を過ぎたあたりでカミさんと夕飯の相談をラインでする。天文館で待ち合わせて、雑炊の旨い店で冷汁と焼酎の水割り。小さな安着祝い。

家で、堀部くんが推薦してくれたPIZZICATO ONEの曲をネットで探し、たまたまPIZZICATO FIVEのヴァージョンと両方があったので「戦争は終わった」を聴き比べてみる。ふたつのヴァージョンの差を生んだものが何かを考えれば、精神や肉体の老いに絡め取られずに「老境」について穏やかに表現できるようになれるだろうか。

上がりが予定よりずいぶん遅れて（堀部くんは設定した締め切り日をきちんと守り、すでに受け取っているが、自分の分ができあがるまで読まないようにした）、仕上がった原稿を読んでから京都で会おうという約束も後ろにずれてしまった。そのため京都行きは日帰りにせざるを得なくなり、早朝に鹿児島中央駅を出発した。

京都駅からタクシーに乗るとイヤな思いをすることが多いから、地下鉄で四条まで移動。待ち合わせ場所の大丸地下にあるという『イノダコーヒ』がなかなか見つけられず、1階の奥だと案内係に教えてもらう。朝ごはんを食べていなかったので、ハムトーストとコーヒーを注文してから、堀部くんに到着の旨をメールした。どうやらぼくは違う店に入ってしまっているらしく、すぐにそちらへ行きますと返事がきて、数分後に彼が現れた。

堀部くんが開口一番「意外な原稿でした」と言うので、どこが意外なのか尋ねた。ストレートに自分の思いを書くことは珍しいからと答えが返ってくる。それこそ意外だった。今回そんな原稿を自分が書いたという自覚はないし、いつもはそれをあまり書かないという自覚もない。「年を取ったからじゃないかな」と曖昧な笑いとともに返したら、そこからの堀部くんの分析がとても面白く、ぼくがどうして近頃あらためて伯父さん論を持ち出したくなったのか、解き明かしてくれた。それが合っているのか間違いなのかはどうでもよく、ぼくが年下の堀部くんとフランクな話をしているというこの時間が気持ちを軽くする。ウディ・アレンの映画などでしか観たことのないカウンセリングというのは、こういう効用があるものなのかもしれない。子供を育てている人が見てくれたのは小西くんである)。でも、知っているし好きだけどそれはやらない／取り上げないと決めているだろうことが正反対なのだと思う。やればできるのに、絶対に面白いものになるのに、お互いに手を出さないと決めているように見える。

安田くんの『ピントがボケる音』も、小西くんのエッセイ集3冊と同様に晶文社のヴァラエティ・ブックの体裁を踏襲しているけれど、その完成度というのか再現度といえばいいのかは、それだけを尺度にするならば少し見劣りがする。でも、それでいいとするのが安田くんらしい感覚なのではないだろうか。彼が愛するポール・マッカートニー『RAM』の中ジャケに代表される、あのゆる〜い空気が安心につながる。

ぼくは感覚がどうかしているのではないかと恥ずかしく思うような自分自身の音楽趣味について（タイニー・ティムとかブレイブ・コンボとかレジデンツとかディーヴォとか)、それでもぜんぜんいいんじゃないと、何度も安田くんのディスクガイドに救われているように思う。彼の言葉を借りれば、ぼくの「ライナスの毛布」のような本。

8　今日のこと

最初に同じ本を読んで、そこから頭に浮かんだ別の本を順に読みつないだら最後にお互いがどこに辿り着くか、一緒にやってみたいと堀部くんにお願いしたのはぼくなのだが、自分の原稿の仕が、どうやらこの連載は中断ではなく終了してしまっているのかもしれない。

特に「カウボーイ・ハットを被った男」や「終戦記念日」や「白い一日」。もしレコード店で見つけたら、そのジャケットにどんな音楽が収められているのかなんてどうでもいいと思いながら、すべて買ってしまうだろう。もちろん以前から持っている何枚かも含めて。

7 マイルドなバッドテイスト

『ピントがボケる音──OUT OF FOCUS, OUT OF SOUND』
安田謙一（2003年／国書刊行会）

ぼくは安田謙一くんが自らの肩書に使っている「ロック漫談家」という言葉が大好きだとずうっと思い続けていたのだが、久しぶりにこの本を読んでいて、それが正しくは「ロック漫筆家」だったことにようやく気づいた。漫筆家の名付け親は漫画家の辻井タカヒロだそうだから、「漫画家」の画を筆に置き換えたと解釈していいはずだが、この事実を知ってもなお、筆が談になった自分の大いなる勘違いもそんなに悪くないぞと思う。安田くんの文章には、本当に「語り口」という言葉が似合っている。書かれた言葉よりも語られた言葉という感じが強い。

反対語という概念が人物に対しても使えるのならば、そして彼らの書くディスクガイドに限っていえば、ぼくにとって小西康陽の反対語は安田謙一である。二人の趣味は似ているし、お互いがファン同士であるはずだ（ちなみに安田くんの存在をぼくに教え唯一の連載「レナード・コーエンの偽日記」が収録されているかどうか、そして当該のページにはレコードジャケットの写真が掲載されているかを確認したかったのだ。

今日の朝、家を出る時にリュックに入れたこの新刊を、さっきまで読んでいた。もちろんすべて読み切ろうとも思っていないし、順番に読んでいこうとも思っていない。いつ、どこから読み始めてどこで終わってもいいようにできているコラム集のはずなのだから。銀座のおでん屋で飲んだ銀嶺立山のせいで、少し頭がぼうっとしていたが、薄い膜がかかったような状態にしっくりくる文章である。

通読してみると、どうやらぼくは「何か取り返しのつかないこと」と題された回から以降を読んでいないとしか思えなく、まるで印象に残っていないことに驚いた。たぶん酔いのせいではない。それだけではなく、それ以前のものとそれ以降のものとは、決定的にトーンが変わってしまったように感じる。つまり「大人のユートピア小説」（ずいぶん昔に連載「東京の合唱」について、小西くん自身がこう説明してくれた）的な要素が徐々に減じていくのだ。

それにしてもセレクトされたレコードジャケットはどれも素晴らしい。ジャケット写真の存在が「レナード・コーエンの偽日記」という連作に、どれだけの深みと哀しみを与えていることか。そういう意味で、レコードジャケットが何の説明でもなく、しかし確実に何かを語っているという、とても実験的な作品かつ、小西くん流のディスクガイドの到達点だと思っていたのだらいで、何かを無理強いされていると感じることは決してない。その短い文章があまりに美しいから、読者のぼくにはそこに紹介された音楽は二の次になる。音楽のことはどうでもいいと思っているのではないかとさえ感じる。こんなふうに音楽について書く人を他に知らない。

件の本が届いた時に差し挟まれていた小西くんのメモには、ぼくが前に書いたことを参考にさせてもらったので送本したというようなことが書いてあったはずだが、どれのことかすぐにはわからなかった。ずいぶん経ってから読み直していて急に思い当たったのは、ギィ・ペラートというイラストレーターにインタビューした際に、彼が編集者のエリック・ロスフェルドについて話した記事だ。1998年の『リラックス』に掲載したものだった。あの話をこの音楽を語るのに使うのか。小西くんの短い文章にはいったいどれだけのことが詰め込まれているのかと、あらためて彼の凄さを思い知る。ちなみにこのディスクガイドでいちばん好きな文章は、シュガー・ベイブの『ソングス』について書かれたものだ。

6　ひとりぼっちのあいつ

小西康陽『わたくしのビートルズ　小西康陽のコラム 1992-2019』（2019年／朝日新聞出版）

ネット書店に注文しておいた『わたくしのビートルズ』が届いてすぐに、まず目次を確認した。前の本『ぼくは散歩と雑学が好きだった。小西康陽のコラム1993-2008』が出てから10年経っているらしいのだが、その間に読み逃さないように意識していたグライターの「Not The Time」。3分に満たないこの曲を聴いてる間は、もう古い音楽を聴いている場合じゃないぞという気持ちになる。洗練とか趣味のよさなんて言葉からの解放感に全身で浸った。それで、唐突に思い出したのがピチカート・ファイヴのライヴだ。いつ頃だったかも憶えていないが、会場は渋谷公会堂だったろうか。まるでオリンピックの開会式のように完璧に演出された第一部が終わった後に、第二部は3人で始まったように記憶しているが、よみがえるのは緻密にコントロールされた第一部と、荒々しく疾走する第二部のパフォーマンスの落差によって生じる、ゆっくり積み上げたものを横から一気に手刀で払い崩すような爽快感とインパクトだけなのだ。ベースは小西くん、ギターはブラボー小松。あとは忘れてしまった。小西くんもこんなふうな音楽をやりたくなる時があるんだというのが、ぼくの感想だった。全速力で逃げているのに「洗練」はどこまでも彼を追いかけてくる。

何年か前のある日、郵便受けに本が届いていた。『マーシャル・マクルーハン広告代理店――』という奇妙なタイトルのディスク・ガイドだ。スクラップページみたいにギクシャクしたレイアウトが、いままでの小西くんの制作するものとは違い、明らかにいつものようにはやりたくないのだと宣言しているように思った。その時も、あの日のライヴを思い出した。

小西くんが雑誌や単行本などに発表するディスクガイドは、ぼくにとっていちばん信頼できるものである。音楽家としての豊富で専門的な知識も、それが重要なのだということをほのめかすく道であるというのだ。この経緯を解説することはこの項の本意ではないのでここまでにするけれど、『ガニマタ博士』の解説を書く時に、明らかに伊丹十三は面白いことを書いてやろうとしていただろう。長新太のマンガは話のオチさえきちんとつけずに描いてあり、だからこそクスクスと笑えるものになっている。もしかしたら伊丹はそれを文章でやってみようと考えたのかもしれないが、やはり言葉では太刀打ちできない種類のユーモアだから、同じようなクスクス笑いを獲得することは難しい。伯父さんの面白さは感覚的にすでに読者に受け止められているのだ。明らかに圧倒的に不利な立場とわかって、解説を伊丹十三が引き受けた勇気をただ賞賛することしかできない。

ところでぼくは、伯父さんは無意味で無責任であるからゆえチャーミングなのであって、父親が論理で対抗できる存在ではないということをこの解説文が示していると伝えたくて書き始めたわけだが、ということは伊丹十三の父親的な思考による長新太の伯父さん的な作品の解説は、その意味でパーフェクトだということになる。すべてわかってやっているという気がしてきた。

5 洗練にウンザリする時

『マーシャル・マクルーハン広告代理店。
ディスクガイド200枚。小西康陽。』（2009年／学習研究社）

友人が贈ってくれたミックスCDの中の1曲がすごくよかった。リピートで30回くらい聴き続けた。読み方が合っているかどうか不安だが、ササミ（SASAMI）という女性シンガーソン

4 ナンセンスと闘うセンス

『ガニマタ博士』長 新太（1985年／話の特集）

池内万平が『伊丹十三選集　三』の「編者解説」に、伊丹が対話形式で書いた『ガニマタ博士』の解説の、対話の相手は誰だったのかと尋ねたら、それは自分自身だと伊丹が答えたという話があった。そんな解説なんて付いていたっけと思い、すぐに探してみると、たしかに伊丹十三の署名があり「イタミさん」と誰かの対談になっている。読み始めた途端に放り出したくなった。解説の存在を憶えていなかった理由もそれでわかった。

このマンガは雑誌『話の特集』に連載されていたもので、当時から愛読していた。毎回、ガニマタ博士とキャベツくんの荒唐無稽な冒険譚が繰り広げられるのだが、そこに意味を求めても意味はないと誰もが思うようなナンセンスきわまりないストーリーで、だからこそ面白い。それをなんとか論理的に解説しようと、伊丹十三、ラカンやバシュラールまで持ち出してきても、あまり説得力にはつながらない。もちろん本人もそれをわかっているからだろうが、ちょっといつもの彼の文章とは違い、ユーモアが空回りしているように感じる。

そこで思い出すのは、中村武志が自著『埋草随筆』の序文を、師と仰ぐ内田百閒に頼んだ時に、百閒が書いた文章だ。「止ムヲ得ズシテ面白イ、ドコガ面白イカ解ラナイノニ面白イト云フ風ニナル様期待スル」。つまり中村武志の文章は、書いたものが面白いのではなく、面白いものを書こうとして書いているのだから邪これは、自分に子供ができるできないの問題なのではない。

父親的な人生とは、責任感や道徳が支配する安定した重厚なる世界だ。つまり、世の中のエスタブリッシュなものはほとんど父親的である。そして伯父的人生とは、その正反対の、はみだし者として飄々と生きる世界なのだ。

父親的世界観を持つ者からみれば、伯父的なる人物は、要するに“お気楽な奴”にしか見えず、父親たちは限りなく彼のことを忌み嫌う。しかし、お気楽に生きることに、どれほどの覚悟と洗練が必要であるかということを、彼らは気づいているだろうか。伯父の軽妙さとは、彼が何も考えていない故、なのではないのだ。

そのようなことを、我々はジャック・タチの映画から学びとるべきであり、勇気を持って伯父的な人生を歩む際の糧とすべきである。タチの世界に共感する者とは、伯父となる資質を持つ者なのだから。

＊　＊　＊

なんと大袈裟な、深刻ぶった、人を諭すようなくどくどとした言い回しではないか。1989年に書いたこの宣言を30年後のいまになって修正できるのなら、一箇所だけはぜひとも変えたいところがある。お気楽に生きることに必要なのは覚悟と洗練と書いたけれど、むしろ洗練を遠ざけることのほうが重要かつ難しく、覚悟がいる行為なのだと思う。

分の編集スタイルを確立する勉強の場になった。そして雑誌の編集こそ、これからぼくがやっていくべき仕事なのだと自覚し、その意味について考えた時に、この先の人生において、子供のいないぼくはみんなの伯父さん的な存在になることを目標にするといいのじゃないかと閃いた。そして最後にかなり粋がったリード文を書いた。いまそれを読み返すと赤面するしかないが、当時は自分自身の決意表明と思っていたはずだ。

3　伯父さんの決意

『VISAGE Vol.3』(1989年／メンズビギ)

自分が過去にやったことを語るというのはどこか恥ずかしさと後ろめたさをともなう行為だとも思わなくなるほどに、厚かましく年を取ったようだ。だからこのままヴィサージュの話を続けることにする。もう手には入れにくいものなので、以下にリードを全文引用してみよう。

＊　＊　＊

人が「自分の人生」などというものを考えるときには、一度はジャック・タチの映画を見るべきである。そこに（特に彼が創り出し、演じたムッシュ・ユロの登場する映画において）描かれているのは、伯父的な人生観、処世術といったものだ。

いったい、いつまでも子供の心を失わない大人とは、あまりに甘美すぎる幻想であって、人はある年齢に達すると、父親としての人生を歩むか、伯父としての人生を歩むかの選択を迫られる。

なり緊張してご自宅に伺ったら、「お腹空いてるでしょう。いまからごはんをつくるから、これでも観てて」とビデオをセットしてくれた。それが英語字幕入りの『MR. HULOT'S HOLIDAY』という初めて観るフランス映画だった。ほとんどセリフのないこの映画を笑いを噛み殺しながら観て、主人公のミスター・ヒューローのことが大好きになった。

それから何年かして、広告代理店に勤める友人から相談を受けた。あるクライアントのために雑誌をつくっているのだが、2号まで出したもののクライアントが内容を気に入っておらず、代わりの編集者を探している。ついては誰か適任と思う人を紹介してほしいという内容だった。自分の立場も考えず、「ぼくが手伝うってのはどう?」と答えた。

クライアントに不評だったという2冊の表紙は、それぞれボブ・ディランとパティ・スミスだった。なんとなくそれだけでトーンが想像できる。まるで違う内容にしなければならない。ぼくが提案したのは、三宅さんが教えてくれたジャック・タチの特集にしたいということ（自分の関心事をもっと詳しく知りたいと思ったら、特集をつくるのがいちばん近道と考えたわけである）と、まだ知り合ったばかりだった小西康陽くんに参加してもらうべきということだった。小西くんはもうピチカート・ファイヴとしてデビューしていたけれど、彼の文章のうまさは原稿を何本か依頼してわかっていたし、幅広く深い知識を持っていたので、間違いのない人選だと自信があった。案の定、彼は編集者として素晴らしいアイデアをたくさん出してくれたし、ぼくにとっては自う部分も多いし、特に「二」はそんな印象だった。それに比べ、池内万平から何が飛び出してくるかは予測しにくく、だからいちばんの興味の対象となった。

子供や育児や教育という章立てもいいし、何よりも「編者解説」を読み、胸のつかえがすっと取れるような思いをした。息子が、「エッセイストの人」や「映画監督の人」である前に「父親の人」である伊丹十三を語る。これは他の二人にはできないことである。

ところでぼくは、伊丹十三が伯父ではなく父親なら煙たがりはしないだろう。むしろ「おまえんちの父ちゃん、かなり変わってるな」と言われることが自分にとって自慢になるような存在に違いない。ただ、自分の子供以外の誰かにものを教える時に、その人物が尊大な態度を取っていたならば、それは「伯父さんとしてのふるまい」とはほど遠いのじゃないかと考えるだけだ。

2　ぼくも伯父さん

『VISAGE Vol.3』（1989年／メンズビギ）

伯父さんとはどういう存在なのかを考えるようになったのは、ジャック・タチとムッシュ・ユロを知ったことがきっかけだ。女性ファッション誌の編集部に配属されたばかりの頃、ライターの三宅菊子さんに資料を届ける機会があった。三宅さんはセツモードセミナーについての面白いノンフィクションを連載していて、編集部の中でも特別な存在の端倪すべからざるベテランだったので、か

1　伯父さんと父ちゃん

『伊丹十三選集 三』伊丹十三（2019年／岩波書店）

前に伊丹十三の単行本未収録のエッセイをまとめた本が出版されたが、そのタイトルが『ぼくの伯父さん』（編集・松家仁之）だったので、伊丹十三のことを伯父さんと呼ばれるべき存在とまるで思っていなかったぼくは、それだけで買う気が失せてしまった。伯父さんがあんなに理屈っぽい人ならば、ぼくは伯父さんに憧れたりはしない。役に立たなそうなことも含めたたくさんの未知なあれこれを知っている人物には強く惹かれてしまうが、問題は語り口なのだと思う。人を諭すようなくどくどとした言い回しは、父親や教育者のそれではないだろうか。

エッセイストとしての伊丹十三に若い頃にやられてしまった人たちが、彼のどこにまいっているのかはわからないでもない。何故ならぼくもそのひとりになりかけていた時期があるからだ。けれどもある時、どれほど豊かな知識に支えられていたとしても、自分の優位性を担保するところから始めるような語り口が急に煙たくなった。

『伊丹十三選集』の「三」を楽しみにしていたのは、その選者が伊丹十三の息子である池内万平と知ったからだ。ちなみに全三巻の選集は三人の選者が一冊ずつ担当している。「一」は松家仁之、「二」は中村好文、いずれも伊丹十三信奉者であり、あらゆる著作からある視点に沿ったベストを選ぶのにふさわしい存在であることは間違いない。それだからなんとなく予想もついてしま

18 MILES OF BOOKS

岡本 仁